All new 개정판

Bunka 文化 日本語 2

머 리 말

『All new 개정판 文化日本語❶·❷·❸·❹』는 처음으로 일본어를 배우는 사람들을 위한 교재로, 1987년(한국판 1998년)에 출판된 『문화일본어1·2』그 개정판『SHIN Bunka Japanese 1·2』『New Bunka NIHONGO 입문회화1·2 / 초급회화1·2』의 특장점을 살리면서 보다 효과적이고 재미있게 일본어를 학습할 수 있도록 작성했습니다.

이 교재가 목표로 하고 있는 것은 학습자가 일상 생활 속에서 자신이 말하고 싶은 것을 상대에게 전하거나 상대가 전하려는 것을 이해하는 힘을 키우는 것입니다. 작성에 앞서 초급 학습자에게 있어 필요한 일본어는 무엇인지를 염두에 두고, 학습항목을 다시 선정하고 그 제출순서를 재검토했습니다. 또한, 학습한 일본어를 실제 생활 속에서 사용할 수 있게 되는 것을 목표로 하여, 본문, 문형의 예문, 연습을 작성했습니다. 더욱이 본문에 대해서는 일본어를 배우는 유학생이 교실에서 일본 사회로 활동 범위를 넓혀간다는 스토리 전개 속에서 일본에서 생활하는데 있어서 필요한 지식도 즐겁게 배울 수 있도록 고안했습니다.

본 책의 출판에 있어서 학교 내외에서 많은 분들로부터 도움을 받았습니다. 특히 시험판을 사용해 주신 선생님 및 학생 여러분에게 이 자리를 빌어서 깊이 감사 드립니다. 앞으로 많은 분들이 이 교재를 사용해 주시고 의견을 주시면 감사하겠습니다.

2013년 8월

国 頭 美 紀
白 岩 麻 奈
八 田 浩 野
平 川 奈津子
広 田 周 子

이 교재에 대해서

1. 대상자와 목표

이 교재는 장래 일본 대학이나 전문학교 등에 진학을 희망하고 처음 일본어를 배우는 학습자를 대상으로 하여 만들었습니다. 진학을 희망하는 학습자의 경우, 초급 일본어학습에서는 장래에 고등교육을 받을 때에 필요한 응용력을 쌓기 위한 기초실력을 쌓는 것이 요구됩니다. 그렇기 때문에 작성에 있어서 문법을 정확하게 이해하는 힘, 상대가 말하려는 것을 이해하는 힘, 자신이 말하고 싶은 것을 적극적으로 표현하는 힘을 익히는 것을 목표로 하고 있습니다.

2. 특징

이 교재는 매개어를 사용하지 않기 때문에 새롭게 학습하는 문형이 쓰이는 장면이나 상황의 이해에 도움이 되도록 일러스트를 많이 게재했습니다.

각 과의 본문에서는 학습자가 일본에서 생활하는 가운데 조우할 수 있는 장면을 골라서, 학습자에게 친밀한 내용으로 스토리를 구성했습니다. 각 문형을 이해하기 위한 예문은 실제 발화로 이어지도록 자연스러운 회화나 문장을 제시했습니다. 또한, 연습은 문형의 정착을 목표로 한 대입연습에 추가하여 학습자가 자신의 이야기를 하는 연습도 담았습니다.

3. 구성

각 과는 本文(ほんぶん) 文型(ぶんけい) 練習(れんしゅう) 言葉(ことば) 로 구성되어있습니다.

· 本文(ほんぶん)

본문은 학습자와 관련된 장면을 골라 그 안에서 문형을 제시한 것입니다. 주로 회화문이지만 작문이나 일기 등도 있습니다. 본문의 취급방법은 과에 따라 다르지만 모델회화나 모델작문으로 다루는 것을 의도한 것이나 이해중심의 것도 있습니다.

· 文型(ぶんけい)

그 과에서 학습한 신출문형을 제시하여 실제 회화로 이어지도록 예문을 든 것입니다. 새로운 활용 등은 필요에 따라 활용표나 표로 나타내고 있습니다.

· 練習(れんしゅう)

문형의 의미나 사용법 확인으로서 대입연습과 그 응용으로서 「☆友達と話しましょう」,더욱이 「友達と話そう」（『All new 개정판 文化日本語❸·❹』）가 있습니다. 학습자가 문형의 의미를 충분히 이해하고, 자신의 표현으로 정착시키는 것, 또한 클래스 메이트의 이야기를 흥미를 갖고 듣고 서로 이해하는 것도 목표로 하고 있습니다.

• チャレンジ! 는 본문이나 문형과 관련된 발전성 있는 활동으로 운용력을 높이는 것을 목표로 하고 있습니다.

• 그 외

제 11, 12, 16, 19과에는 그 과의 테마와 관련 있는 어휘를 모아놓은 ことば 페이지가 있습니다. 필요에 따라 학습자에게 소개해 주세요.

제 21, 24, 28과에는 이미 배운 문형을 정리하여 다른 점을 확인할 수 있도록 参考(さんこう) 페이지를 만들었습니다.

4. 그 외

• 50음 색인

각 과의 신출어의 일람입니다. 50음순으로 정리하여 처음 나온 과를 적었습니다.

• 한자

기본적으로 상용한자를 사용하고 있습니다. 히라가나가 사용되는 경우가 많은 어구에 관해서는 히라가나로 표기하였습니다. 또한, 학습자의 부담을 덜기 위해 한자에 후리가나를 달았습니다.

• 부속 CD

부속 CD로 본문의 음성을 들을 수 있습니다(제 17과 本文1 제외). CD플레이어, 컴퓨터, 디지털 오디오기기 등에서 재생 가능합니다. MP3 형식의 사용법에 대해서는 http://book.japansisa.com/faq_1.asp 를 참고해 주세요.

• 관련 출판물

『All new 개정판 文化日本語 WORK BOOK ❶·❷』

50음 색인 보는 법(p.130)

이 색인은『All new 개정판 文化日本語❷』의 각 과에서 신출어로서 다루어진 어구를 50음순으로 나열한 것입니다.

표제어	한자표기 등	품사	처음 나온 과
アイスクリーム			生
あいだ[場所(ばしょ)]	間		15
あいだ[時間(じかん)]	間		19
あおもりけん	青森県	特名	32
いらっしゃる[行(い)く]		動1	8
いらっしゃる[いる]		動1	11
いる		動2	5
(お)かし	(お)菓子		5
かんたん	簡単	な形	12
ゲーム(を)する		動3	9
すずき　いちろう	鈴木一郎	特名	25
すずしい	涼しい	い形	22
(けがを)する		動3	19
(イヤリングを)する		動3	19
(食(た)べ)にくい		い形	14
(生活(せいかつ))について			13

① [ ]
같은 어형의 말과 의미가 다른 것을 나타낸다.

② (お)
미화어「お／ご」를 나타낸다.

③ ( )
표제어와 결합되어 쓰이는 말을 제시한다. 또한 표제어만으로는 의미를 알기 어려운 말을 나타내기 위해 기재했다.

④ 품사의 약칭

- 動1　1그룹 동사
- 動2　2그룹 동사
- 動3　3그룹 동사
- い形　い형용사
- な形　な형용사
- 特名　특별한 명사
- 공란　그 외, 명사나 부사 등

⑤ 처음 나온 과

- 生　生活の言葉
- 1　第1課

목차

『All new 개정판 文化日本語』 시리즈

1

教室の言葉

生活の言葉

- 第1課 私はワン・シューミンです。
- 第2課 吉田さんの一日、佐藤さんの一日
- 第3課 これは誰のノートですか。
- 第4課 私のかばんはあの黒いのです。
- 第5課 冷蔵庫の中にジュースがあります。
- 第6課 どんな映画が好きですか。
- 第7課 財布を落としました。
- 第8課 天気はどうでしたか。
- 第9課 説明をよく聞いてください。

2

- 第10課 団体旅行
- 第11課 自己紹介
- 第12課 簡単！ 日本料理クラス
- 第13課 インタビュー調査
- 第14課 サラさんの日記
- 第15課 どちらのほうが近いですか。
- 第16課 病院
- 第17課 アルバイト
- 第18課 ドライブに行きませんか。

주요 등장인물

日本語学校(にほんごがっこう)の留学生(りゅうがくせい)

ラフル・チャダ

（インド）

＊チンと同(おな)じ学生会館(がくせいかいかん)

チン・コウリョウ

（台湾(たいわん)）

＊ラフルと同(おな)じ学生会館(がくせいかいかん)

マリー・マルタン

（カナダ）

ワン・シューミン

（シンガポール）

リー・ミン

（中国(ちゅうごく)）

キム・ヨンス

（韓国(かんこく)）

アルン・アマラポーン

（タイの留学生(りゅうがくせい)）

＊ワンの友達(ともだち)

萩原先生(はぎわらせんせい)

西田先生(にしだせんせい)

＊日本語学校(にほんごがっこう)の先生(せんせい)

佐藤 武
（会社員）

吉田 良子
（大学生）

原 京子
（音楽大学の学生）
＊吉田良子の友達
＊ワンと同じ学生会館

鈴木 一郎
（会社員）

鈴木 幸子
（会社員）

鈴木 健志
＊一郎と幸子の子供

鈴木 伸
＊一郎と幸子の子供

第10課

団体旅行

本文

1　東京から熱海まで、新幹線で行きます。

CD- 02~

（東京駅で）

　みなさん、今から今日の予定を言います。
まず、東京から熱海まで、新幹線こだま６６３号で行きます。
こだま６６３号は、午後２時２６分に東京駅を出て、
３時１７分に熱海に着きます。
　熱海で新幹線を降りて、バスに乗ります。下田までバスで行きます。
途中、伊東でバスを降りて休憩します。熱海から下田まで２時間ぐらい
かかります。５時半ごろ下田に着きます。

文型

1　新宿で電車に 乗ります。

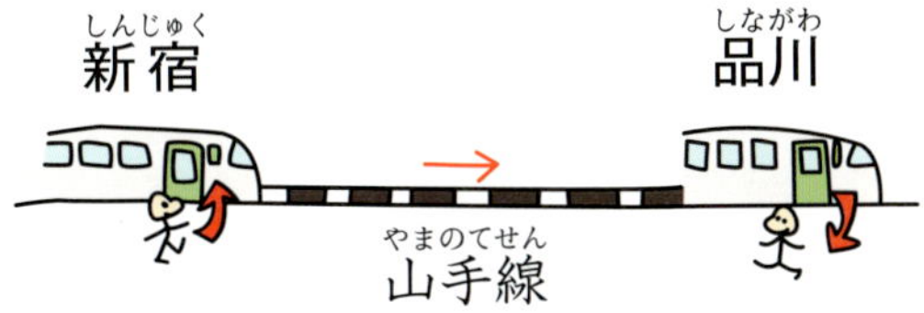

① 新宿から品川まで ｛山手線／電車｝ で行きます。

※　私は毎日歩いて学校へ来ます。

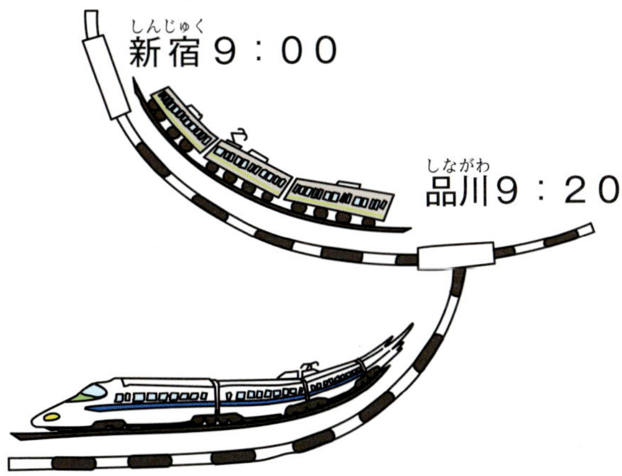

② 新宿で　山手線に 乗ります。

品川で　　電車を 降ります。

品川で　新幹線に 乗り換えます。

③　　　９時に新宿を 出ます。

９時２０分に 品川に 着きます。

新宿から品川まで ２０分かかります。

1）Ａ：いつも電車で学校へ来ますか。

　　Ｂ：いいえ、バスで来ます。

2）チン：すみません、お台場までどうやって行きますか。

　　先生：新宿で山手線に乗って、新橋でゆりかもめに乗り換えます。

　　チン：わかりました。ありがとうございます。

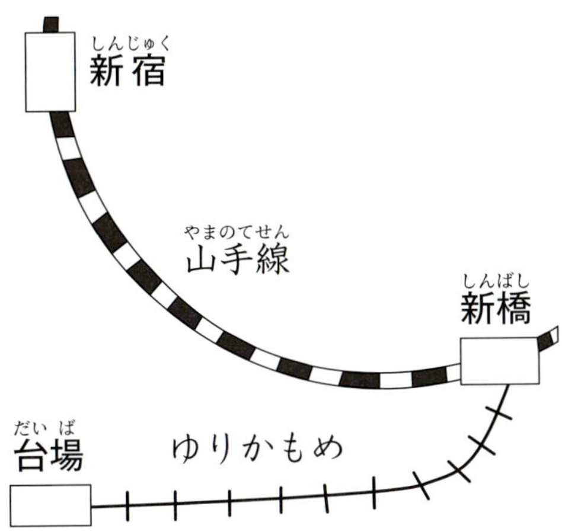

練習a　絵を見て例のように言いましょう。

例）A：どうやって学校へ来ますか。

B：地下鉄で来ます。

地下鉄

うち ⟶ 学校

自転車

1．うち ⟶ 学校

歩く

2．うち ⟶ 学校

☆友達と話しましょう。

練習b　絵を見て例のように言いましょう。

文型 1

例）新宿から横浜へ行く

新宿で山手線に乗って、渋谷で降ります。
渋谷で東横線に乗り換えて、横浜で降ります。

1．新宿から浅草へ行く

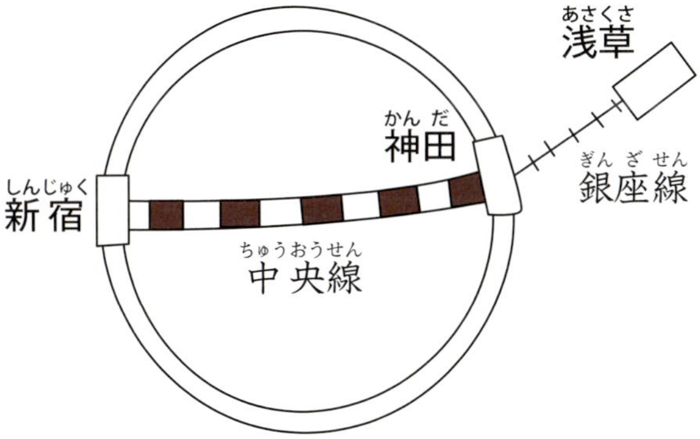

2．新宿からディズニーランドへ行く

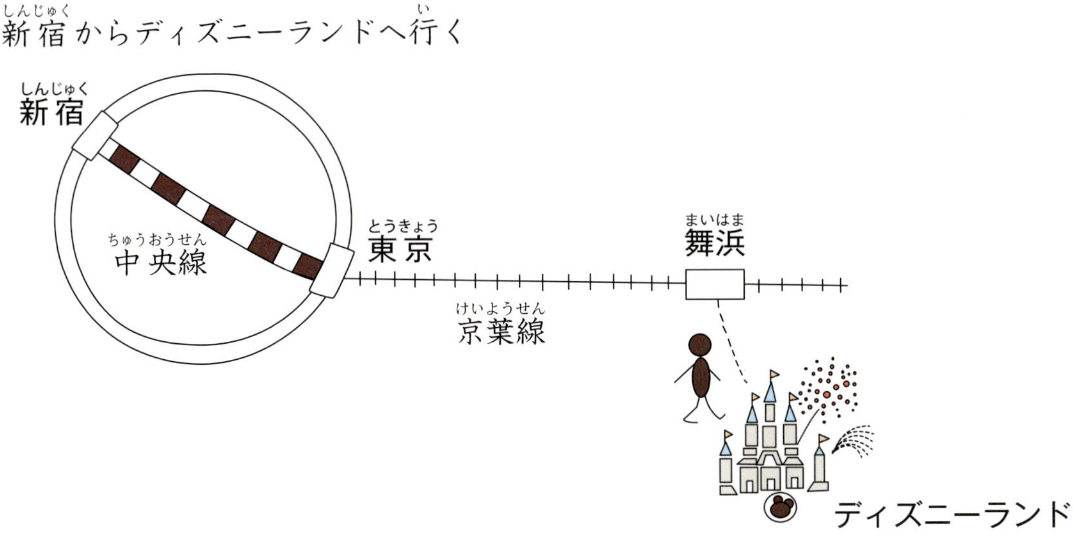

本文

2　電話をしています。

CD- 05~

（伊東で）

添乗員：みなさん、もうすぐ出発します。バスに乗ってください。

サラ：あれっ。広田さんや林さんは？

山本：林さんは、今、電話をしています。

サラ：広田さんは？

山本：広田さんは売店の横でアイスクリームを食べています。

サラ：木村さんと長井さんは？

山本：さあ…。

サラ：あっ、あそこです。コーヒーを飲みながら話していますよ。

添乗員：みなさん、急いでください。

（下田のホテルで）

添乗員：みなさん、お疲れさまでした。

サラ：部屋は何階ですか。

添乗員：女性は４階で、男性は３階です。夕食は７時からです。

それまでゆっくりしてください。

文型 2

林さんは、今、電話をしています。

1）サラ：パクさんはどこですか。
　山本：あそこで写真を撮っています。

2）アルン：もしもし、ワンさん。今、どこですか。
　ワン：今、駅の隣のデパートで買い物をしています。

練習 C　絵を見て例のように言いましょう。

文型 2

例）A：山本さんは何をしていますか。
　B：お菓子を食べています。

文型 3

コーヒーを飲みながら話しています。

飲む　　　飲みます　→　飲みながら

1）私は、毎朝、コーヒーを飲みながら新聞を読みます。

2）私はいつも歌を歌いながら料理をします。

3）添乗員：今日の予定を説明します。

　　　　スケジュール表を見ながら聞いてください。

　　客：はい。

4）お母さん：伸ちゃん、お菓子を食べながら歩いてはいけませんよ。

　　　伸：はい。ごめんなさい。

練習d　絵を見て例のように言いましょう。

文型 3

例）コーヒーを飲みながら新聞を読んでいます。

1.

2.

3.

言葉(ことば)

CD- 08

□ とうきょうえき	東京駅	도쿄역
□ よてい	予定	예정
□ あたみ	熱海	아타미
□ しんかんせん	新幹線	신칸센
□ こだま(６６３)ごう	こだま(６６３)号	고다마(663)호
□ (東京駅(とうきょうえき)を)でる	出る	(도쿄역을)출발하다
□ つく	着く	도착하다
□ おりる	降りる	(탈 것에서)내리다
□ のる	乗る	(탈 것에)타다
□ しもだ	下田	시모다
□ とちゅう	途中	도중
□ いとう [地名(ちめい)]	伊東	이토[지명]
□ きゅうけいする	休憩する	휴식하다
□ (時間(じかん)が)かかる		(시간이)걸리다
□ しながわ	品川	시나가와
□ やまのてせん	山手線	야마노테선
□ でんしゃ	電車	전철
□ あるく	歩く	걷다
□ のりかえる	乗り換える	갈아타다
□ おだいば	お台場	오다이바
□ どうやって		어떻게
□ しんばし	新橋	신바시
□ ゆりかもめ		유리카모메
□ だいば	台場	다이바
□ ちかてつ	地下鉄	지하철
□ じてんしゃ	自転車	자전거
□ とうよこせん	東横線	도요코선
□ あさくさ	浅草	아사쿠사
□ ちゅうおうせん	中央線	쥬오선
□ かんだ	神田	간다
□ ぎんざせん	銀座線	긴자선
□ けいようせん	京葉線	게요선
□ まいはま	舞浜	마이하마
□ てんじょういん	添乗員	여행사 직원
□ もうすぐ		곧
□ しゅっぱつする	出発する	출발하다
□ サラ		사라(인명)
□ ひろた	広田	히로타(인명)
□ はやし	林	하야시(인명)
□ やまもと	山本	야마모토(인명)
□ でんわ(を)する	電話(を)する	전화(를)하다
□ ばいてん	売店	매점
□ よこ	横	옆
□ きむら	木村	기무라(인명)
□ ながい	長井	나가이(인명)
□ いそぐ	急ぐ	서두르다
□ じょせい	女性	여성
□ だんせい	男性	남성
□ ゆうしょく	夕食	저녁밥
□ それまで		그때까지
□ ゆっくりする		마음 편히 쉬다
□ パク		박(인명)
□ たなか	田中	다나카(인명)
□ にしむら	西村	니시무라(인명)
□ まいあさ	毎朝	매일 아침
□ うたう	歌う	노래하다
□ スケジュールひょう	スケジュール表	스케줄표
□ きゃく	客	손님, 고객

【いろいろな表現(ひょうげん)】

□ どうやって行(い)きますか。	어떻게 갑니까?
□ さあ…。	글쎄….
□ お疲(つか)れさまでした。	수고하셨습니다.
□ ゆっくりしてください。	마음 편히 쉬세요.
□ もしもし、	여보세요.
□ ごめんなさい。	미안합니다.

第11課

自己紹介

本文

1　私はマリー・マルタンです。

CD- 09~

私はマリー・マルタンです。カナダのトロントから来ました。今、横浜に住んでいます。

私はカナダの高校を卒業してからファッション関係の会社に勤めていました。今年の３月に会社を辞めて、日本へファッションの勉強をしに来ました。

私は自分でデザインして洋服を作るのが好きです。いろいろなデザイナーの服を見るのも好きで、ときどき友達とファッションショーに行きます。私は日本の着物にとても興味があります。

どうぞよろしくお願いします。

家族(かぞく)の呼(よ)び方(かた)

私(わたし)の家族(かぞく)

祖母(そぼ)　祖父(そふ)

祖母(そぼ)　祖父(そふ)

母(はは)　父(ちち)

両親(りょうしん)

妹(いもうと)　弟(おとうと)　私(わたし)　姉(あね)　兄(あに)

兄弟(きょうだい)

兄弟(きょうだい)の呼(よ)び方(かた)①		兄弟(きょうだい)の呼(よ)び方(かた)②	
私(わたし)		一番目(いちばんめ)の姉(あね) （いちばん上(うえ)の姉(あね)）	
一番目(いちばんめ)の弟(おとうと)		二番目(にばんめ)の姉(あね)	
二番目(にばんめ)の弟(おとうと)		三番目(さんばんめ)の姉(あね)	
三番目(さんばんめ)の弟(おとうと) （いちばん下(した)の弟(おとうと)）		私(わたし)	

ことば

山田(やまだ)さんのご家族(かぞく)

おばあさん　おじいさん

おばあさん　おじいさん

ご両親(りょうしん)

お母(かあ)さん　お父(とう)さん

ご兄弟(きょうだい)

妹(いもうと)さん　弟(おとうと)さん　山田(やまだ)さん　お姉(ねえ)さん　お兄(にい)さん

1）A：ご家族(かぞく)は何人(なんにん)ですか。

　　B：私(わたし)を入(い)れて７人(にん)です。

2）A：ご兄弟(きょうだい)はいらっしゃいますか。

　　B：ええ、兄(あに)が一人(ひとり)と妹(いもうと)が一人(ひとり)います。
　　　　いいえ、いません。

文型

1　横浜に住んでいます。

1）父は会社を経営しています。

2）姉は貿易会社に勤めています。

3）兄は結婚しています。

4）妹はイギリスに留学しています。

5）A：ご兄弟はいらっしゃいますか。

　　B：ええ、弟がいます。弟は大学で経済学の勉強をしています。

6）吉田：アルンさんはアルバイトをしていますか。

　　アルン：いいえ、していません。

※　母は中学校の教師です。

練習a　絵を見て例のように言いましょう。

文型 1

例）父／会社／経営する

　→父は会社を経営しています。

1．姉／銀行／勤める　　　2．兄／アメリカの大学／勉強をする

両親(りょうしん)

3. 両親(りょうしん)／オーストラリア／住(す)む

文型(ぶんけい) 2

高校(こうこう)を卒業(そつぎょう)してから会社(かいしゃ)に勤(つと)めていました。

1） 私(わたし)はいつも宿題(しゅくだい)をしてからテレビを見(み)ます。

2）（12時(じ)　教室(きょうしつ)で）

マリー：ラフルさんも食堂(しょくどう)へ行(い)きますか。

ラフル：はい。でも、図書館(としょかん)の本(ほん)を返(かえ)してから行(い)きます。

文型(ぶんけい) 3

日本(にほん)へファッションの勉強(べんきょう)をしに来(き)ました。

買(か)う　　買(か)います　→　買(か)いに行(い)きます

1） 日曜日(にちようび)に友達(ともだち)の家(いえ)へ遊(あそ)びに行(い)きました。

2）　キム：ラフルさん、どこへ行(い)きますか。

ラフル：コンビニへジュースを買(か)いに行(い)きます。

キム：あ、じゃあ、私(わたし)のもお願(ねが)いします。

ラフル：ええ、いいですよ。

※　日本(にほん)へファッションの勉強(べんきょう)に来(き)ました。

練習b　絵を見て例のように言いましょう。

文型 3

例）図書館へ勉強をしに行きます。

勉強をする

1．本を返す

2．パンを買う

3．映画を見る

文型(ぶんけい) 4 ファッションショーに行(い)きます。

1） 来週(らいしゅう)、ピアノのコンサートに行(い)きます。

2） A：昨日(きのう)、何(なに)をしましたか。

B：友達(ともだち)の結婚式(けっこんしき)に行(い)きました。

3） 私(わたし)はよく公園(こうえん)へ散歩(さんぽ)に行(い)きます。

4） A：夏休(なつやす)み、何(なに)をしますか。

B：北海道(ほっかいどう)へ旅行(りょこう)に行(い)きます。

※ 大阪(おおさか)へ／に行(い)きます。

文型(ぶんけい) 5 友達(ともだち)とファッションショーに行(い)きます。

1） A：週末(しゅうまつ)、何(なに)をしましたか。

B：友達(ともだち)と渋谷(しぶや)へ映画(えいが)を見(み)に行(い)きました。

2） キム：昨日(きのう)、カラオケに行(い)きました。

ワン：誰(だれ)と行(い)きましたか。

キム：リーさんと行(い)きました。

3） 私(わたし)はチンさんといっしょに昼(ひる)ごはんを食(た)べます。

※ 私(わたし)は一人(ひとり)で晩(ばん)ごはんを食(た)べます。

本文

2 私の家族

CD- 11~

私の家族

八組　マリー・マルタン

私の家族は私を入れて七人です。父と母、姉と兄が二人と弟と私です。両親と兄と弟はカナダにいますが、姉は結婚してフランスに住んでいます。

父は貿易会社を経営しています。母は中学校の教師です。一番目の兄は銀行に勤めています。二番目の兄はカナダの大学でコンピューターの勉強をしています。弟は高校生です。

本文(ほんぶん)

3　デザインの勉強(べんきょう)をしたいです。

CD- 13~

先生(せんせい)：マリーさんはこの学校(がっこう)を卒業(そつぎょう)してからどうしますか。

マリー：デザインの勉強(べんきょう)をしたいです。

将来(しょうらい)、デザイナーになりたいです。

先生(せんせい)：そうですか。もう学校(がっこう)を決(き)めましたか。

マリー：いいえ、まだはっきり決(き)めていません。

でも、専門学校(せんもんがっこう)に入(はい)りたいです。

先生(せんせい)：もうご家族(かぞく)と相談(そうだん)しましたか。

マリー：いいえ、まだです。

もう少(すこ)し調(しら)べてから相談(そうだん)します。

文型(ぶんけい)

6　デザインの勉強(べんきょう)をし<u>たいです</u>。

勉強(べんきょう)する　　勉強(べんきょう)します　→　勉強(べんきょう)したいです

1）将来(しょうらい)、日本(にほん)の会社(かいしゃ)に就職(しゅうしょく)したいです。

2）将来(しょうらい)、アナウンサーになりたいです。

3）Ａ：何(なに)か食(た)べますか。

　　Ｂ：ありがとうございます。

　　　　でも、今(いま)、何(なに)も食(た)べたくありません。

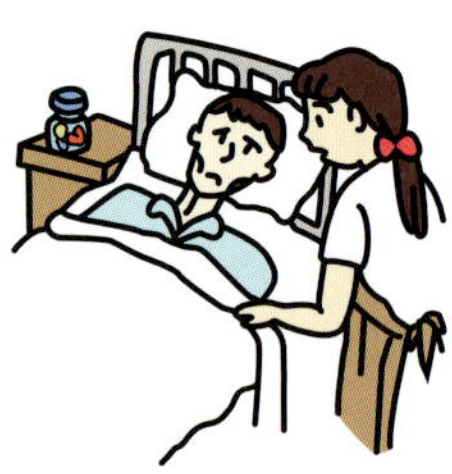

※　映画(えいが)を見(み)たいです。／映画(えいが)が見(み)たいです。

文型 7

A：もう学校を決めましたか。

B：はい、もう決めました。／いいえ、まだ決めていません。

1）ラフル：もう宿題をしましたか。
　　ワン：はい、もうしました。

2）　チン：もう宿題を出しましたか。
　　マリー：いいえ、まだ出していません。

3）A：もう昼ごはんを食べましたか。
　　B：いいえ、まだです。

練習c　絵を見て例のように言いましょう。

文型 7

例1）A：もう宿題をしましたか。
　　B：はい、もうしました。

宿題をする

例2）A：もう宿題をしましたか。
　　B：いいえ、まだしていません。

宿題をする

1．新(あたら)しいまんがを買(か)う

2．昼(ひる)ごはんを食(た)べる

3．洗濯(せんたく)をする

チャレンジ!

本文(ほんぶん)1はマリーさんの自己紹介(じこしょうかい)です。
みなさんも自己紹介(じこしょうかい)をしましょう。

言葉(ことば)

CD- 15

□ カナダ		캐나다
□ トロント		토론토
□ (横浜(よこはま)に)すむ	住む	(요코하마에)살다
□ こうこう	高校	고등학교
□ そつぎょうする	卒業する	졸업하다
□ (ファッション)かんけい	関係	(패션)관계
□ つとめる	勤める	근무하다
□ やめる	辞める	그만두다
□ じぶん	自分	자신
□ デザインする		디자인하다
□ ようふく	洋服	옷
□ いろいろ		여러 가지
□ デザイナー		디자이너
□ ふく	服	옷
□ ファッションショー		패션쇼
□ きょうみ	興味	흥미
□ (興味(きょうみ)が)ある		(흥미가)있다
□ かぞく	家族	가족
□ そぼ	祖母	할머니
□ そふ	祖父	할아버지
□ りょうしん	両親	양친, 부모
□ はは	母	엄마
□ ちち	父	아빠
□ きょうだい	兄弟	형제
□ いもうと	妹	여동생
□ おとうと	弟	남동생
□ あね	姉	언니, 누나
□ あに	兄	오빠, 형
□ (いち)ばんめ	(一)番目	(첫)번째
□ いちばん(下(した))		제일(막내)
□ した(の弟(おとうと))	下	막내(남동생)
□ うえ(の姉(あね))	上	맏(언니, 누나)
□ おばあさん		할머니
□ おじいさん		할아버지
□ おとうさん	お父さん	아버지
□ おねえさん	お姉さん	언니, 누나

□ おにいさん	お兄さん	오빠, 형
□ (私(わたし)を)いれる	入れる	(나를)포함하다
□ いらっしゃる［いる］		계시다
□ ひとり	一人	한 명
□ けいえいする	経営する	경영하다
□ ぼうえきがいしゃ	貿易会社	무역회사
□ けっこんする	結婚する	결혼하다
□ イギリス		영국
□ りゅうがくする	留学する	유학하다
□ けいざいがく	経済学	경제학
□ アルバイト		아르바이트
□ アルバイト(を)する		아르바이트(를)하다
□ ちゅうがっこう	中学校	중학교
□ きょうし	教師	교사
□ アメリカ		미국
□ オーストラリア		오스트레일리아
□ しゅくだい(を)する	宿題(を)する	숙제(를)하다
□ あそぶ	遊ぶ	놀다
□ ピアノ		피아노
□ コンサート		콘서트
□ けっこんしき	結婚式	결혼식
□ さんぽ	散歩	산책
□ ほっかいどう	北海道	홋카이도
□ おおさか	大阪	오사카
□ しゅうまつ	週末	주말
□ カラオケ		가라오케
□ (はち)くみ	(8)組	(8)반
□ ふたり	二人	두 명
□ フランス		프랑스
□ こうこうせい	高校生	고등학생
□ デザイン		디자인
□ (見(み))たい		(보)고 싶다
□ しょうらい	将来	장래
□ (デザイナーに)なる		(디자이너가)되다
□ もう		벌써, 이미
□ きめる	決める	정하다

□ ま⌉だ		아직
□ は⌈っき⌉り		확실히
□ せ⌈んもんが⌉っこう	専門学校	전문学교
□ (専門学校(せんもんがっこう)に)は⌉いる	入る	(전문학교에)들어가다
□ そ⌈うだんする	相談する	상담하다
□ も⌈う(少(すこ)し)		(조금)더
□ し⌈らべ⌉る	調べる	조사하다
□ しゅ⌈うしょくする	就職する	취직하다
□ ア⌈ナウ⌉ンサー		아나운서
□ (宿題(しゅくだい)を)だ⌉す	出す	(숙제를)내다

第12課

簡単！ 日本料理クラス

本文

1　フライパンで牛丼を作ります。

CD- 16~

先生：今日はフライパンで牛丼を作ります。

　　　みなさん、作り方のプリントを持っていますか。

生徒：はい、あります。

先生：では、作り方を説明します。まず、たまねぎを切ります。

ワン：先生、どのぐらいの大きさに切りますか。

先生：半分に切って、それから薄く切ります。牛肉も半分に切ります。

　　　次に、フライパンに調味料を入れます。

アルン：すみません、先生。

先生：はい、何ですか。

アルン：この調味料を全部入れますか。

先生：ええ。全部入れて、それから火をつけてください。火の強さは中火です。

　　　そこにたまねぎを入れて、５分ぐらい煮ます。

＊

先生：質問はありますか。

生徒：いいえ。

先生：では、今からいっしょに作ります。

★ 牛丼 ★

【材料　２人分】

薄切り牛肉	１２０g	＜調味料＞	
たまねぎ	半分	酒	大さじ２
ねぎ	少々	砂糖	大さじ１．５
ごはん	２杯分	しょうゆ	大さじ１．５

【作り方】　　↙ 半分に切って、薄く切る

1．牛肉とたまねぎを切る。
　↖ 半分に切る

2．フライパンに＜調味料＞を入れて、火をつける。

3．２にたまねぎを入れて、煮る。←５分ぐらい煮る

4．３に牛肉を入れる。

5．火を止めて、ごはんの上にのせる。
　上にねぎを少しのせる。

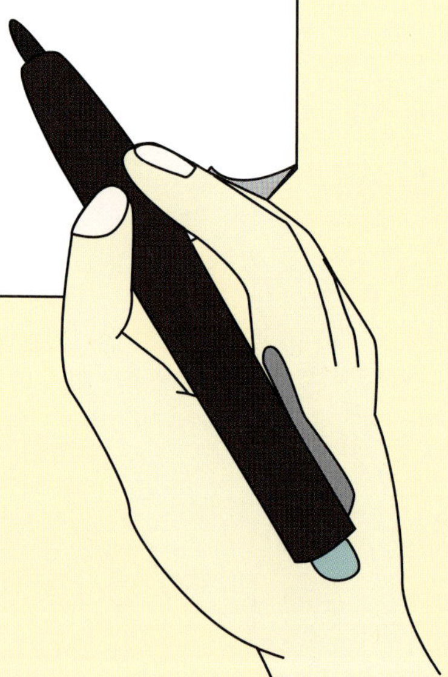

文型 1

フライパンで牛丼を作ります。

1）ジム：日本人は何でごはんを食べますか。
山本：はしで食べます。

2）先生：テストの時は、えんぴつで書いてください。

3）A：わあ、絵が上手ですね。
B：これはパソコンでかきました。
A：そうですか！

文型 2

たまねぎを薄く切ります。

自由に使ってください。

い形容詞	＋	動詞	薄い	→	薄く切ります
な形容詞	＋	動詞	上手	→	上手に歌います

1）私は毎朝早く起きます。

2）ゆうべ、遅く帰りました。

3）（学生会館で）
先生：ここに洗濯機があります。
学生：自由に使ってもいいですか。
先生：はい。でも、きれいに使ってくださいね。

文型(ぶんけい) 3　基本体(きほんたい)　動詞(どうし)（現在(げんざい)）

	辞書形(じしょけい)	肯定形(こうていけい)		否定形(ひていけい)	
		です・ます体(たい)	基本体(きほんたい)	です・ます体(たい)	基本体(きほんたい)
G1	読(よ)む 買(か)う 切(き)る ある	読(よ)みます 買(か)います 切(き)ります あります	読(よ)む 買(か)う 切(き)る ある	読(よ)みません 買(か)いません 切(き)りません ありません	読(よ)まない 買(か)わない 切(き)らない ※ない
G2	食(た)べる 入(い)れる 見(み)る いる	食(た)べます 入(い)れます 見(み)ます います	食(た)べる 入(い)れる 見(み)る いる	食(た)べません 入(い)れません 見(み)ません いません	食(た)べない 入(い)れない 見(み)ない いない
G3	する 来(く)る	します 来(き)ます	する 来(く)る	しません 来(き)ません	しない 来(こ)ない

G：グループ

動詞基本体(どうしきほんたい)　否定形(ひていけい)（ない形(けい)）

グループ1	よむ	→	よまない	（ま　み　む　め　も）
	かう	→	かわない	（わ　い　う　え　お）
	きる	→	きらない	（ら　り　る　れ　ろ）
グループ2	たべる	→	たべない	
	みる	→	みない	
グループ3	する	→	しない	
	くる	→	こない	

※　遅(おく)れてはいけません　→　遅(おく)れてはいけない

※　電話(でんわ)をしています　→　電話(でんわ)をしている

練習a　CDを聞いて例のように書きましょう。

文型 3

CD- 18~

例） 10時半に新宿駅に集合する。

. まいはま駅まで

. ディズニーランドで

. ディズニーランドの中で

. 3時からパレードが

. 7時に

本文

2　たまねぎは柔らかくなりましたか。

CD- 20~

先生：では、始めます。
まず、牛肉と野菜を切ってください。

＊

先生：みなさん、フライパンに調味料を入れて、火をつけましたか。
ワン：はい、つけました。
先生：じゃあ、そこにたまねぎを入れて、５分ぐらい煮てください。

＊

先生：みなさん、たまねぎは柔らかくなりましたか。
ワン：はい、柔らかくなりました。
先生：では、次に肉を入れて、２、３分煮てください。

＊

アルン：先生、もういいですか。
先生：はい。じゃ、火を止めてください。
アルン：早くて簡単ですね。
先生：ええ。薄切りの牛肉は長く煮ると、
固くなります。注意してください。
アルン：はい。

先生：じゃあ、温かいごはんの上にのせて、
その上にねぎをのせてください。
アルン：このぐらいでいいですか。

先生：はい、いいですよ。これでできあがりです。
ワン：わあ、できましたね！

＊

ワン・アルン：いただきます。
ワン：おいしい！

文型(ぶんけい)

4　固(かた)くなります。

い形容詞(けいようし)	＋　なります	高(たか)い	→	高(たか)くなります
な形容詞(けいようし)		にぎやか	→	にぎやかになります
名詞(めいし)		休(やす)み	→	休(やす)みになります

1）Ａ：大(おお)きくなりましたね。

　　Ｂ：ええ。

2）Ａ：さしみが好(す)きですか。

　　Ｂ：前(まえ)は嫌(きら)いでしたが、今(いま)は好(す)きになりました。

3）ここは小(ちい)さい旅館(りょかん)でしたが、

　　来年(らいねん)、大(おお)きいホテルになります。

4）東京(とうきょう)では、7月(がつ)ごろから気温(きおん)が高(たか)くなります。

練習(れんしゅう)b　絵(え)を見(み)て例(れい)のように言(い)いましょう。

文型 4

例(れい)）消(け)しゴムが小(ちい)さくなりました。

消(け)しゴム

1．子供(こども)

2．部屋(へや)

3．部屋(へや)

練習C　絵を見て自由に言いましょう。

文型 4

例）木が少なくなりました。

建物が…

車が…

川が…

文型 5

薄切りの牛肉を長く煮ると、固くなります。

1）コーヒーに砂糖を入れると、甘くなります。

2）この辺は、夜になると、静かになります。

3）A：これは桜の木ですか。

　　B：ええ。春になると、花が咲きますよ。

　　　とてもきれいですよ。

料理（りょうり）の言葉（ことば）

牛肉（ぎゅうにく）

ぶた肉（にく）

とり肉（にく）

たまご

たまねぎ

キャベツ

じゃがいも

にんじん

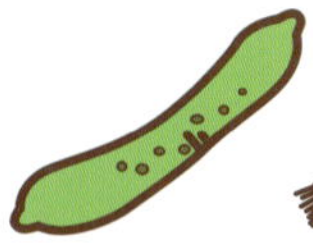

きゅうり

ねぎ

ごはん

パン

魚（さかな）

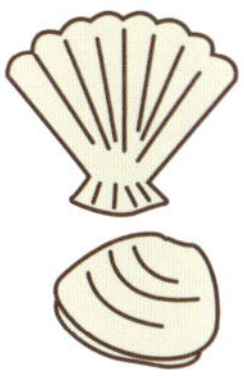

貝（かい）

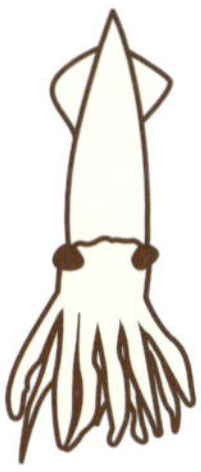

いか

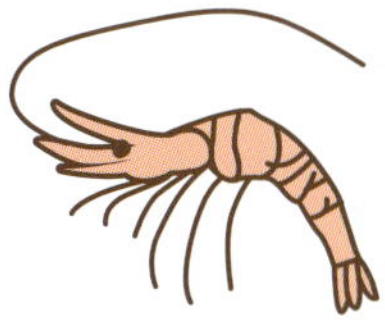

えび

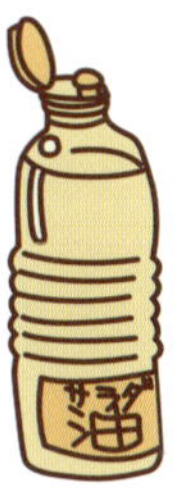

油（あぶら）

しょうゆ

砂糖（さとう）

塩（しお）

こしょう

ことば

～を切る

～を炒める

～を煮る

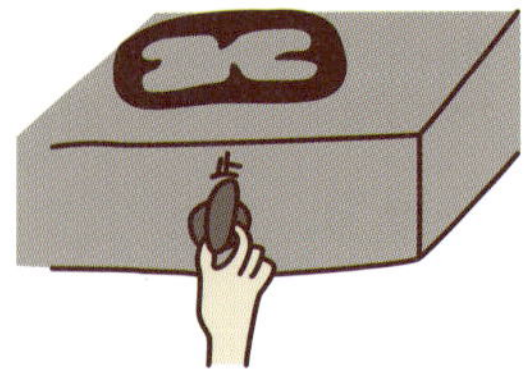

火をつける／止める

～を焼く

ごはんを炊く

～に～を入れる

お湯を沸かす

なべ

フライパン

大さじ　小さじ

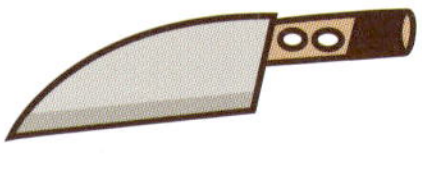

包丁

はし

ちゃわん

どんぶり

言葉

CD- 23

□ フライパン		프라이팬
□ ぎゅうどん	牛丼	규동(소고기덮밥)
□ せいと	生徒	학생
□ では		그럼
□ たまねぎ		양파
□ きる	切る	자르다
□ どのぐらい(大きい)		어느 정도(크다)
□ おおきさ	大きさ	크기
□ はんぶん	半分	절반
□ うすい	薄い	얇다
□ ぎゅうにく	牛肉	소고기
□ つぎに	次に	다음에, 그러고 나서
□ ちょうみりょう	調味料	조미료
□ ひ	火	불
□ (火を)つける		(불)을 켜다
□ つよさ	強さ	세기
□ ちゅうび	中火	중불
□ にる	煮る	익히다, 삶다
□ しつもん	質問	질문
□ (質問が)ある		(질문이)있다
□ ざいりょう	材料	재료
□ (さんにん)ぶん	(３人)分	(3인)분
□ うすぎり	薄切り	얇게 자름
□ (じゅう)グラム	(１０)g	(10)그램
□ ねぎ		파
□ しょうしょう	少々	조금, 약간
□ ごはん		밥
□ (に)はい	(２)杯	(2)잔
□ おおさじ	大さじ	큰숟가락
□ しょうゆ		간장
□ (火を)とめる	止める	(불을)끄다
□ のせる		위에 놓다, 얹다
□ ジム		짐(인명)
□ にほんじん	日本人	일본인
□ はし／おはし		젓가락
□ じゆう	自由	자유로움
□ はやい	早い	(시간적으로)이르다

□ おそい	遅い	늦다
□ せんたくき	洗濯機	세탁기
□ しゅうごうする	集合する	집합하다
□ パレード		퍼레이드
□ はじめる	始める	시작하다
□ やわらかい	柔らかい	부드럽다
□ かんたん	簡単	간단함
□ (時間が)ながい	長い	(시간이)길다
□ かたい	固い	딱딱하다
□ ちゅういする	注意する	주의하다
□ あたたかい	温かい	따뜻하다
□ できあがり		완성
□ (牛丼が)できる		(규동, 소고기덮밥이)다 되다
□ りょかん	旅館	여관
□ きおん	気温	기온
□ (気温が)たかい	高い	(기온이)높다
□ き	木	나무
□ たてもの	建物	건물
□ かわ	川	강
□ あまい	甘い	달다
□ このへん	この辺	이 근처, 이 일대
□ さくら	桜	벚꽃
□ はる	春	봄
□ さく	咲く	(꽃이)피다

【いろいろな表現】

□ わあ、	와,
□ もういいですか。	이제 됐나요?

第13課

インタビュー調査

本文

1　大学生活はどうですか。

CD- 24~

（東都大学で）

リー・ラフル：すみません。

田中・加藤：はい。

リー：私たちは日本語学校で勉強している学生です。
今、日本人学生にインタビューをしています。
ちょっと質問してもいいですか。

田中・加藤：ええ。何ですか。

リー：大学生活はどうですか。

田中：友達ができましたから、楽しいです。

リー：そうですか。何学部ですか。

田中：経済学部です。

加藤：理学部です。

ラフル：授業は大変ですか。

田中：はい。
大変ですが、おもしろいです。

加藤：私も大変です。

ラフル：どうしてですか。

加藤：レポートが多いからです。

文型

1 私は日本語学校で勉強している学生です。

私は [日本語学校で勉強している] [学生] です。

している ↑ 動詞（基本体）　学生 ↑ 名詞

1）キム：アルンさんは会社員ですか。

ワン：いいえ。
大学院で勉強している学生ですよ。

2）マリー：どの人が良子さんの弟さんですか。
幸子：歌を歌っている人です。

3）リンさんは私の学校の友達です。リンさんはよく勉強する学生です。

練習a　絵を見て例のように言いましょう。　文型 1

例）A：どの人が林さんですか。
B：お茶を飲んでいる人です。

文型

2 基本体　い形容詞・な形容詞・名詞（現在）

	辞書形	肯定形		否定形	
		です・ます体	基本体	です・ます体	基本体
い形容詞	楽しい 高い ※いい	楽しいです 高いです いいです	楽しい 高い いい	楽しくありません 高くありません よくありません	楽しくない 高くない よくない
な形容詞	静か きれい	静かです きれいです	静かだ きれいだ	静かじゃありません 静かではありません きれいじゃありません きれいではありません	静かじゃない 静かではない きれいじゃない きれいではない
名詞	学生	学生です	学生だ	学生じゃありません 学生ではありません	学生じゃない 学生ではない

※　行きたいです　→　行きたい

※　行きたくありません　→　行きたくない

※　使ってもいいです　→　使ってもいい

文型

3　友達ができましたから、楽しいです。

1）先生：リンさん、夏休みに国へ帰りますか。
　　リン：いいえ。国から両親が来ますから、帰りません。

2）学生会館の先生：東京の生活はどうですか。
　　ラフル：物価が高いですから、大変です。

3）大家：学校はどうですか。
　　チン：今は慣れましたから、楽しいです。

4）キム：よく図書館で勉強しますか。
　　リー：はい。静かだから、よく行きます。

5）サラ：日本人の友達がおおぜいいるから、よく日本語を使います。

6）ワン：よく自分で料理をしますか。
　　ラフル：いいえ。勉強が忙しいから、あまりしません。

練習b　例のように言いましょう。

文型 3

例）夏休み／姉の結婚式がある／国へ帰る
　　A：夏休みに何をしますか。
　　B：姉の結婚式があるから、国へ帰ります。

1．冬休み／スキーをしたい／長野へ行く
2．夏休み／国から両親が来る／いっしょに箱根へ行く
3．春休み／国から友達が来る／ディズニーランドへ行く

文型 4

A：どうしてですか。

B：レポートが多いからです。

基本体 ＋ からです

1） 原：私は原宿が大好きです。

ワン：どうしてですか。

原：かわいい服の店が多いからです。

2）A：アルバイトを辞めたいです。

B：どうしてですか。

A：大変だからです。

3）マリー：明日、パーティーに行きますか。

リー：いいえ、行きません。

マリー：どうしてですか。

リー：国から友達が来るからです。

練習 C　例のように言いましょう。

文型 4

例）私の部屋はうるさい／駅のそばだ

A：私の部屋はうるさいです。

B：どうしてですか。

A：駅のそばだからです。

1．日本語の勉強は大変だ／漢字が難しい

2．夏休み、国へ帰らない／ホームステイに行く

3．明日の朝、５時に起きる／旅行に行く

本文

2　どう思いますか。

CD- 27~

ラフル：暇な時は、何をしますか。

田中：よく友達とショッピングに行きます。

加藤：私はスポーツをします。

ラフル：どんなスポーツをしますか。

加藤：バスケットボールです。

ラフル：そうですか。

ところで、この学校の施設をどう思いますか。

田中：図書館や食堂が新しいから、いいと思います。

加藤：食堂は安くておいしいから、よく行きます。

田中：食堂のソフトクリームはとてもおいしいですよ。

文型 5

暇な時は、何をしますか。

基本体 ＋ 時

な形容詞　暇な時

名詞　テストの時

1）暇な時は、音楽を聞きます。
2）寂しい時は、友達に電話します。
3）問題がある時は、先生に相談します。
4）先生：テストの時は、字をきれいに書いてください。
5）ラフル：授業がわからない時は、どうしますか。
　加藤：友達に聞きます。

文型 6

A：この学校の施設をどう思いますか。

B：図書館や食堂が新しいから、いいと思います。

基本体 ＋ と思います

1）この学校の学生はよく勉強すると思います。
2）A：東京のバスは便利だと思いますか。
　B：いいえ、あまり便利じゃないと思います。
3）A：学校の図書館をどう思いますか。
　B：いいと思います。
　A：どうしていいと思いますか。
　B：新しくてきれいだからです。

練習d　例のように友達と話しましょう。

文型 6

例）ラフル：学校の食堂をどう思いますか。

　　リー：おいしいから、いいと思います。

　　　　　ラフルさんはどう思いますか。

　　ラフル：私はちょっと高いと思います。

本文

3　日本の大学生の生活について発表します。

CD- 30~

（日本語学校の教室で）

リー：私たちは日本の大学生の生活について発表します。

私たちは東都大学で日本人の学生１０人に質問しました。

まず、このグラフを見てください。

質問１は「大学生活はどうですか。」です。

「楽しい。」は7人でした。理由は「友達がたくさんいる。」が３人、「サークルが楽しい。」が２人、「勉強がおもしろい。」が２人でした。

＊

ラフル：質問３は「暇な時は、何をしますか。」です。

「家でＤＶＤなどを見る。」が４人、「買い物に行く。」が３人、「友達とカラオケに行く。」が２人でした。「スポーツをする。」は１人だけでした。私の国の大学生はよくスポーツをしますが、日本人はあまりしないから、驚きました。

日本の大学生の生活

1. 大学生活はどうですか。

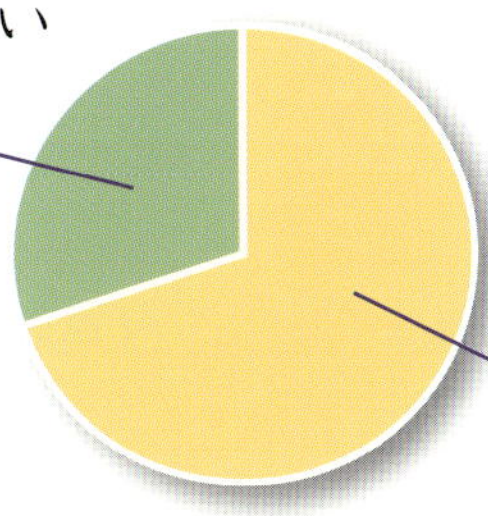

2. 学校の授業は大変ですか。

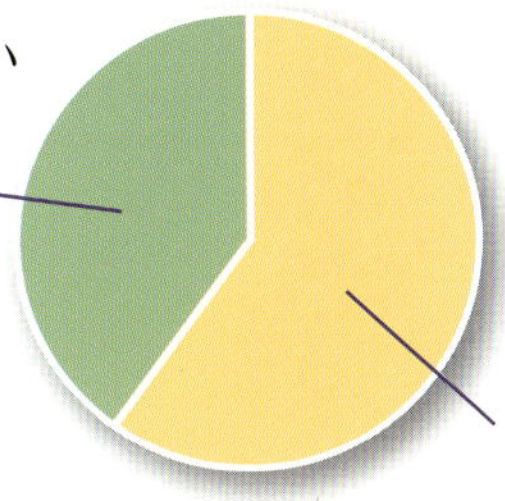

3. 暇な時は、何をしますか。

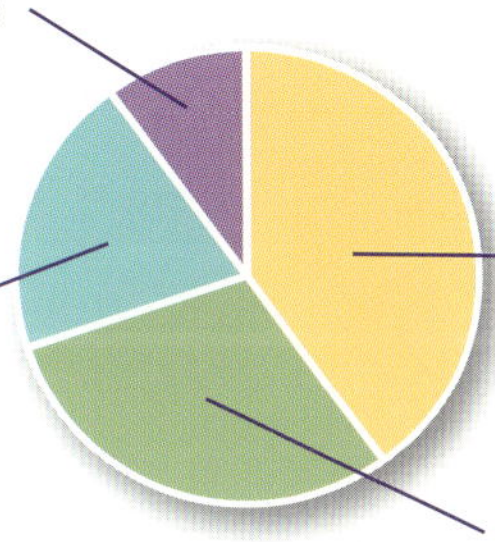

チャレンジ！

インタビューをして発表しましょう。

言葉(ことば)

CD- 32

□ とうとだいがく	東都大学	도토 대학
□ かとう	加藤	가토(인명)
□ (私(わたし))たち		(우리)들
□ インタビュー		인터뷰
□ インタビュー(を)する		인터뷰(를)하다
□ しつもんする	質問する	질문하다
□ せいかつ	生活	생활
□ (友達(ともだち)が)できる		(친구가)생기다
□ がくぶ	学部	학부
□ けいざいがくぶ	経済学部	경제학부
□ りがくぶ	理学部	이학부
□ どうして		어째서, 왜
□ レポート		리포트
□ だいがくいん	大学院	대학원
□ どの		어느
□ リン		린(인명)
□ ちゃ／おちゃ	(お)茶	차
□ ほんだ	本田	혼다(인명)
□ ぶっか	物価	물가
□ おおや	大家	집주인
□ なれる	慣れる	익숙해지다
□ おおぜい		많은 사람, 여럿
□ いそがしい	忙しい	바쁘다
□ (結婚式(けっこんしき)が)ある		(결혼식이)있다
□ スキー		스키
□ スキー(を)する		스키(를)타다
□ ながの	長野	나가노
□ はこね	箱根	하코네
□ はるやすみ	春休み	봄방학
□ ホームステイ		홈스테이
□ ひま	暇	틈, 짬
□ ショッピング		쇼핑
□ ところで		그런데
□ しせつ	施設	시설
□ おもう	思う	생각하다
□ ソフトクリーム		소프트 아이스크림
□ さびしい	寂しい	쓸쓸하다, 외롭다
□ もんだい(がある)	問題	문제(가 있다)
□ (問題(もんだい)が)ある		(문제가)있다
□ じ	字	글자
□ (友達(ともだち)に)きく	聞く	(친구에게)묻다
□ アニメ		애니메이션
□ テレビばんぐみ	テレビ番組	TV프로그램
□ (生活(せいかつ))について		(생활)에 대해서
□ はっぴょうする	発表する	발표하다
□ グラフ		그래프
□ りゆう	理由	이유
□ サークル		서클
□ ディーブイディー	ＤＶＤ	DVD
□ おどろく	驚く	놀라다

第14課

サラさんの日記

本文

1　３時１７分に熱海に着いた。　CD- 33~

5月10日（土）　くもり

今、下田のホテルにいる。こだま663号に乗って、2時26分に東京を出て、3時17分に熱海に着いた。そして、熱海からここまでバスで来た。

途中、伊東で10分休憩した。休憩時間が短かったので、私はバスを降りなかった。林さんたちは、集合時間に少し遅れた。

5時30分にこのホテルに着いた。疲れたので、みんなですぐ温泉に入った。お湯はちょっと熱かったが、気持ちがよかった。あまり人がいなかったので、静かだった。晩ごはんのおかずは魚や貝だった。とてもおいしかった。でも、魚は食べにくかった。

明日は植物園に行く。

文型(ぶんけい)

1　基本体(きほんたい)（過去(かこ)）

		辞書形(じしょけい)	肯定形(こうていけい) 現在(げんざい)	肯定形(こうていけい) 過去(かこ)	否定形(ひていけい) 現在(げんざい)	否定形(ひていけい) 過去(かこ)
動詞(どうし)	G１		書(か)く→書(か)いて→書(か)いた		書(か)かない →	書(か)かなかった
		書(か)く	書(か)く	書(か)いた	書(か)かない	書(か)かなかった
		行(い)く	行(い)く	行(い)った	行(い)かない	行(い)かなかった
		読(よ)む	読(よ)む	読(よ)んだ	読(よ)まない	読(よ)まなかった
		ある	ある	あった	ない	なかった
	G２	食(た)べる	食(た)べる	食(た)べた	食(た)べない	食(た)べなかった
		疲(つか)れる	疲(つか)れる	疲(つか)れた	疲(つか)れない	疲(つか)れなかった
	G３	する	する	した	しない	しなかった
		来(く)る	来(く)る	来(き)た	来(こ)ない	来(こ)なかった
い形容詞(けいようし)			長(なが)い →	長(なが)かった	長(なが)くない →	長(なが)くなかった
		長(なが)い	長(なが)い	長(なが)かった	長(なが)くない	長(なが)くなかった
		※いい	いい	よかった	よくない	よくなかった
な形容詞(けいようし)			静(しず)かだ →	静(しず)かだった	静(しず)かじゃない→	静(しず)かじゃなかった
		静(しず)か	静(しず)かだ	静(しず)かだった	静(しず)かじゃない 静(しず)かではない	静(しず)かじゃなかった 静(しず)かではなかった
名詞(めいし)		学生(がくせい)	学生(がくせい)だ	学生(がくせい)だった	学生(がくせい)じゃない 学生(がくせい)ではない	学生(がくせい)じゃなかった 学生(がくせい)ではなかった

Ｇ：グループ

文型 2

休憩時間が短かったので、私はバスを降りなかった。

基本体 ＋ ので

な形容詞（現在）	静かなので
名詞（現在）	学生なので

1）のどが痛いので、病院へ行きます。

2）山本：アルバイトをしていますか。

　キム：いいえ。勉強が大変なので、していません。

3）チン：夏休みに、国へ帰りますか。

　リー：はい。祖母が病気なので、帰ります。チンさんは？

　チン：国の友達が来るので、帰りません。

4）A：消しゴムを忘れたので、借りてもいいですか。

　B：ええ、どうぞ。

5）道がわからなかったので、交番で聞きました。

6）昨日は暑かったので、友達とプールに行きました。

練習a　絵を見て例のように言いましょう。

文型 2

例）A：すみません、暑いので、

　窓を開けてもいいですか。

　B：ええ、どうぞ。

暑い／窓を開ける

1．寒(さむ)い／窓(まど)を閉(し)める

2．暑(あつ)い／クーラーをつける

3．暗(くら)い／電気(でんき)をつける

練習(れんしゅう)b　例(れい)のように言(い)いましょう。

文型 2

例(れい)）忙(いそが)しい

A：日曜日(にちようび)にどこかへ行(い)きましたか。

B：いいえ。忙(いそが)しかったので、どこへも行(い)きませんでした。

1．雨(あめ)

2．頭(あたま)が痛(いた)い

3．宿題(しゅくだい)がたくさんある

4．友達(ともだち)が来(く)る

文型

3　魚は食べにくかった。

食べる　　食べます　→　食べやすいです

食べる　　食べます　→　食べにくいです

1）A：大きいハンバーガーですね。

　　B：ええ。ちょっと食べにくいです。

2）A：新しいスニーカー、どうですか。

　　B：とても歩きやすいです。

3）キム：店員さんの説明は難しかったですね。

　　リー：ええ。専門の言葉が多かったので、わかりにくかったですね。

本文

2 本当に楽しい旅行だった。

CD- 35~

5月11日(日)　晴れ

昨日はあまりいい天気ではなかったが、今日は朝からずっといい天気だった。

7時に起きて、広田さんと山本さんと温泉に入った。そして朝ごはんを食べて、バスで植物園へ行った。植物園はあまり広くなかったが、珍しい花がたくさんあった。私は花のスケッチをしたり、植物園の人にいろいろ質問したりした。

夜7時に東京に着いた。帰りはずっとバスだったので、ちょっと疲れた。でも、本当に楽しい旅行だった。

文型

4 花のスケッチをしたり、植物園の人にいろいろ質問したりした。

1）A：日曜日に、いつも何をしますか。

　B：音楽を聞いたり、散歩をしたりします。

2）A：昨日、何をしましたか。

　B：暇だったので、家で本を読んだり、テレビを見たりしました。

3）この教室ではお菓子を食べたり、

　ジュースを飲んだりしてはいけません。

練習c　絵を見て例のように言いましょう。

文型 4

例）A：休みの日に、いつも何をしますか。

　B：そうじをしたり、洗濯をしたりします。

そうじをする／洗濯をする

1．買い物をする／散歩をする

2．本を読む／料理をする

3．テレビを見る／音楽を聞く

☆友達と話しましょう。

練習d　絵を見て例のように言いましょう。

例）A：先週の日曜日に何をしましたか。

B：公園でスケッチをしたり、

写真を撮ったりしました。

公園／スケッチをする／写真を撮る

1．うち／本を読む／ゲームをする

2．渋谷／買い物をする／映画を見る

3．友達のうち／お酒を飲む／歌を歌う

☆友達と話しましょう。

チャレンジ

本文１と２はサラさんの日記です。

みなさんも、楽しかった日の日記を書きましょう。

言葉[ことば]

CD- 37

□ くもり		흐림
□ そして		그리고
□ きゅうけいじかん	休憩時間	휴식시간
□ (時間[じかん]が)みじかい	短い	(시간이)짧다
□ しゅうごうじかん	集合時間	집합시간
□ すぐ		즉시, 바로
□ おんせん	温泉	온천
□ あつい	熱い	뜨겁다
□ きもち	気持ち	기분
□ (気持[きも]ちが)いい		(기분이)좋다
□ おかず		반찬
□ かい	貝	조개
□ (食[た]べ)にくい		(먹기)힘들다
□ しょくぶつえん	植物園	식물원
□ のど		목
□ いたい	痛い	아프다
□ びょうき	病気	병
□ みち	道	길
□ プール		수영장
□ しめる	閉める	닫다
□ クーラー		에어컨
□ (クーラーを)つける		(에어컨을)켜다
□ でんき	電気	전기
□ あたま	頭	머리
□ (宿題[しゅくだい]が)ある		(숙제가)있다
□ スニーカー		운동화
□ (歩[ある]き)やすい		(걷기)편하다
□ せんもん	専門	전문
□ ことば	言葉	말, 단어
□ はれ	晴れ	맑음
□ (朝[あさ]から)ずっと		(아침부터)쭉
□ あさごはん	朝ごはん	아침밥
□ めずらしい	珍しい	드물다, 희귀하다
□ スケッチ		스케치
□ スケッチ(を)する		스케치(를)하다
□ いろいろ(質問[しつもん]する)		여러 가지(질문하다)
□ かえり	帰り	돌아오는 길
□ ほんとうに	本当に	정말로
□ さんぽ(を)する	散歩(を)する	산책하다
□ ひ	日	날

第15課

どちらのほうが近いですか。

本文

1　どちらのほうが近いですか。

CD- 38~

（不動産屋で）

不動産屋：このアパートは中野と新中野の間です。
吉田良子：中野と新中野とどちらのほうが近いですか。
不動産屋：中野のほうがちょっと近いです。
　　　　　でも、どちらもだいたい同じぐらいですよ。
吉田：中野の駅前と新中野の駅前と
　　　どちらのほうがにぎやかですか。
不動産屋：中野のほうがずっとにぎやかです。
　　　　　北口に大きい商店街があります。
吉田：そうですか。家賃はいくらですか。
不動産屋：８万円です。
吉田：ちょっと高いですね。

中野

文型

1　A：中野と新中野と どちら（のほう）が近いですか。

　　B：中野のほうが（新中野より）近いです。

1）A：北海道と九州とどちらのほうが広いですか。
　　B：北海道のほうが九州より広いです。

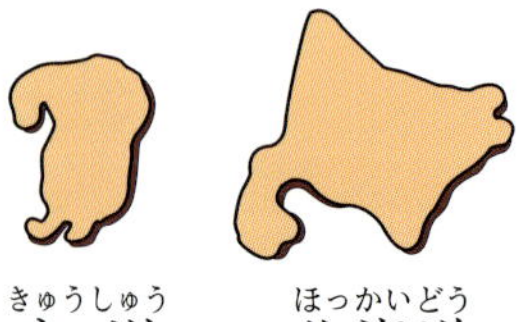

九州　約42,000km^2
北海道　約83,000km^2

2）Ａ：東京と大阪とどちらのほうが人口が多いですか。

Ｂ：東京のほうが多いです。

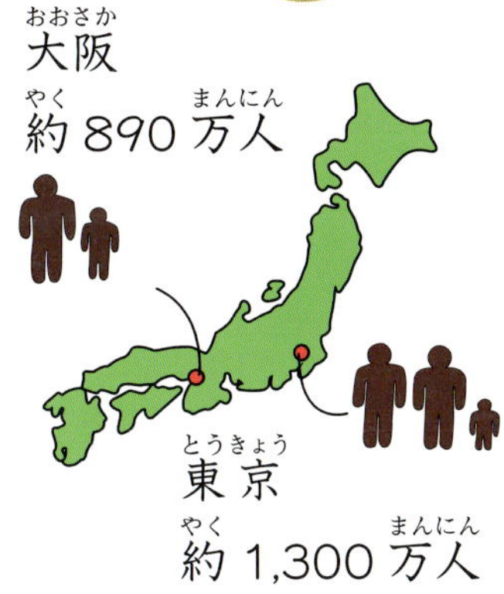

3）（旅行会社で）

社員：文化ホテルか東都ホテルはいかがですか。

客：文化ホテルと東都ホテルと
どちらが新しいですか。

社員：文化ホテルのほうが新しいです。

客：そうですか。じゃあ、文化ホテルがいいですね。

4）Ａ：今日は暑いですね。

Ｂ：ええ、でも、昨日のほうが暑かったですよ。

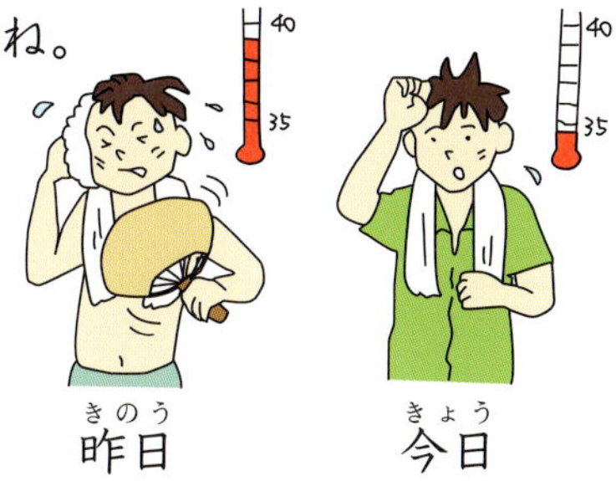

文型 2

Ａ：中野と新中野とどちらのほうがにぎやかですか。

Ｂ：中野のほうが<u>ずっと</u>にぎやかです。

1）太郎：僕と健君とどちらのほうが背が高いですか。

健の母：太郎君のほうがちょっと（背が）高いです。

2）広田：イタリアではサッカーと野球とどちらのほうが
人気がありますか。

サラ：サッカーのほうがずっと人気があります。

3）広田：西村さんと山本さんとどちらのほうが年上ですか。

長井：西村さんのほうが２歳年上ですよ。

4）吉田：この部屋とその部屋とどちらのほうが高いですか。

不動産屋：その部屋のほうが４千円高いです。

練習a　絵を見て例のように言いましょう。

文型 1・2

例）A：渋谷の部屋と中野の部屋とどちらのほうが新しいですか。

　　B：中野の部屋のほうがずっと新しいです。

1．

2.

ふじスーパー
文化スーパー
ふじスーパー
文化スーパー
果物が安い
¥250
¥330
¥280
¥350
ふじスーパー
文化スーパー

3.

鈴木さん
佐藤さん
年上
鈴木さん
佐藤さん
３５歳
２８歳

文型（ぶんけい）

3　A：中野（なかの）と新中野（しんなかの）とどちらのほうが近（ちか）いですか。

B：どちらも 同（おな）じぐらいです。

1）A：新宿（しんじゅく）と渋谷（しぶや）とどちらのほうがにぎやかですか。

B：新宿（しんじゅく）も渋谷（しぶや）も同（おな）じぐらいにぎやかです。

2）チン：文化（ぶんか）デンキと東都（とうと）デンキとどちらのほうが安（やす）いですか。

リー：どちらも同（おな）じぐらいだと思（おも）いますよ。

本文（ほんぶん）

2　駅（えき）から遠（とお）すぎます。

CD-41~

不動産屋（ふどうさんや）：じゃあ、この三鷹（みたか）のアパートはどうですか。６万円（まんえん）です。

吉田（よしだ）：そうですね…。駅（えき）から近（ちか）いですか。

不動産屋（ふどうさんや）：いいえ、ちょっと遠（とお）いです。

三鷹駅（みたかえき）の南口（みなみぐち）から歩（ある）いて２０分（ぷん）です。

吉田（よしだ）：駅（えき）までのバスはありますか。

不動産屋（ふどうさんや）：ええ、たくさんありますよ。

それに、バス停（てい）からアパートまで

１分（ぷん）です。

吉田（よしだ）：そうですか。

でも、ちょっと駅（えき）から遠（とお）すぎますね。

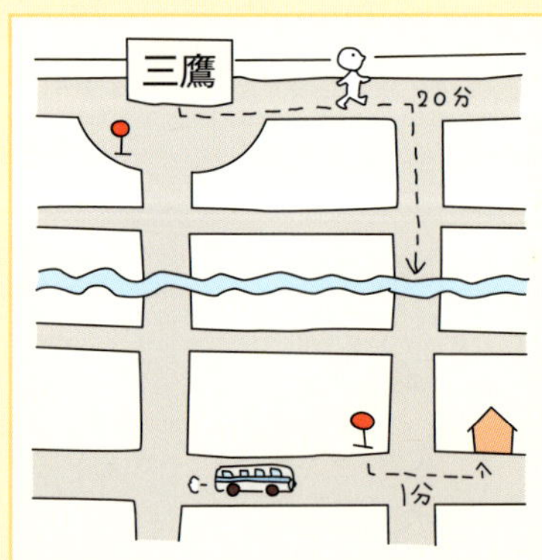

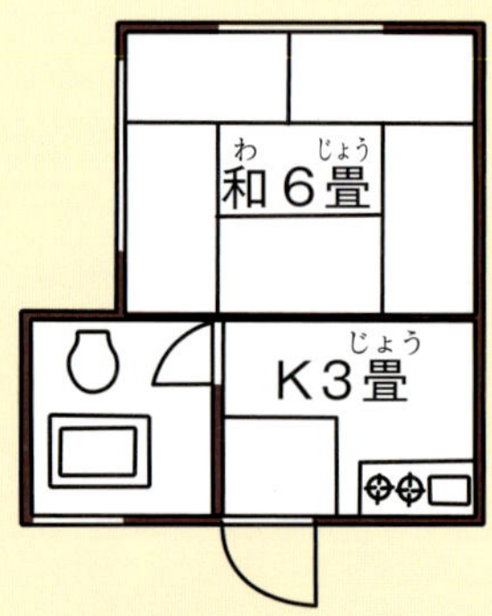

三鷹（みたか）

文型

4　このアパートは駅から遠すぎます。

1）不動産屋：この部屋はどうですか。
　　　客：そうですね。ちょっと狭すぎますね。

2）店員：このかばんはどうですか。
　　客：5万円ですか…。ちょっと高すぎますね。

3）私はお酒を飲みすぎると、頭が痛くなります。

本文

3　どれがいちばん静かですか。

CD- 44~

不動産屋：じゃあ、これはどうですか。池袋駅から歩いて4分です。
　　　　　6畳の洋室と6畳のダイニングキッチンです。
　　　　　使いやすいと思いますよ。

吉田：いくらですか。

不動産屋：7万円です。でも、ちょっと古いです。

吉田：そうですか。
　　　あのう、中野と三鷹と池袋の部屋の中で、
　　　どれがいちばん静かですか。

不動産屋：中野の部屋がいちばん静かだと思います。

吉田：そうですか。それはいいですね。

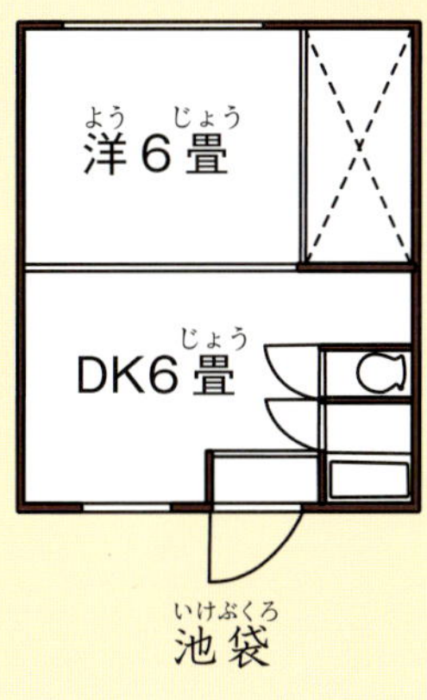

池袋

文型

5

A：中野と三鷹と池袋の部屋の中で、どれが いちばん静かですか。

B：中野の部屋が いちばん静かです。

1）ワン：東京と大阪と名古屋の中で、どこがいちばん人口が多いですか。
　　原：東京です。

2）先生：このクラスの中で誰がいちばん早く学校へ来ますか。
　 リー：チンさんです。

3）チン：一年の中でいつがいちばん雨が多いですか。
　 鈴木：9月だと思います。

4）マリー：すもうと野球とサッカーの中で、どれがいちばん人気がありますか。
　　吉田：そうですね。私はサッカーだと思います。
　　鈴木：私は野球だと思います。

5）A：スポーツの中で何がいちばん好きですか。
　 B：水泳がいちばん好きです。

6）私は果物の中でいちごがいちばん好きです。

練習(れんしゅう)b　絵(え)を見(み)て例(れい)のように言(い)いましょう。

文型 5

例(れい)）Ａ：横浜(よこはま)と渋谷(しぶや)と新宿(しんじゅく)の部屋(へや)の中(なか)で、どれがいちばん駅(えき)から近(ちか)いですか。

　　　Ｂ：新宿(しんじゅく)の部屋(へや)がいちばん駅(えき)から近(ちか)いです。

1．

2.

ラフル
キム
チン
としうえ
年上
ラフル
キム
チン
さい
１９歳
さい
２２歳
はたち
２０歳

3.

えのしま
江ノ島
しもだ
下田
とうきょう
東京から
ちか
近い
よこはま
横浜
とうきょう
東京
よこはま
横浜
えのしま
江ノ島
しもだ
下田

4.

5.

本文

4　この中野の部屋は台所が広いです。

CD- 47~

吉田：この中野の部屋は台所が広いですね。
それに、この部屋は三鷹の部屋より駅から近いですね。
不動産屋：ええ。それに、この部屋はみっつの中でいちばん新しくてきれいですよ。
スーパーもコンビニも近いからいいと思いますよ。
吉田：じゃあ、この部屋を見せてください。
不動産屋：わかりました。今、時間がありますか。
吉田：はい。
不動産屋：では、大家さんに連絡します。

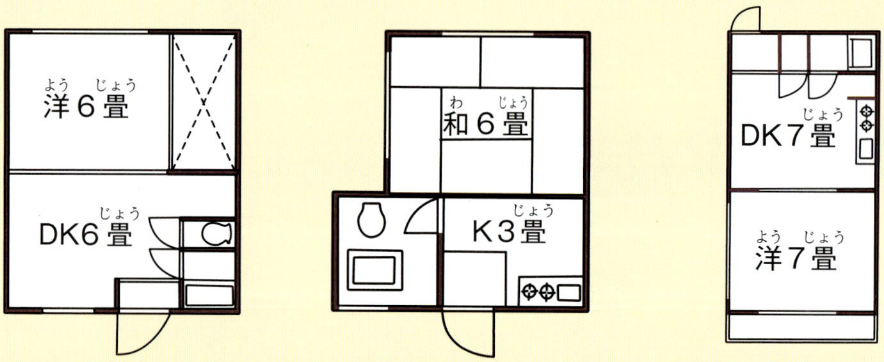

池袋　　三鷹　　中野

文型

6　この部屋は台所が広いです。

1）私の部屋は窓が小さいです。

2）A：ふじスーパーと文化スーパーとどちらのほうがいいですか。

B：そうですね…。どちらもいいと思いますよ。ふじスーパーは果物が安いです。文化スーパーは野菜がとても新鮮です。

3）リー：白いシャツの人は？

ワン：兄です。

リー：ワンさんのお兄さんは背が高いですね。

4）

POST CARD

京子さん、お元気ですか。

私は夏休み、パラオへ行きました。

パラオは海がきれいでした。

160-0022

東京都新宿区

3-3-

文型 7　この部屋は三鷹の部屋より駅から近いです。

1）私の国はマレーシアです。マレーシアはタイの南にあります。マレーシアは日本より少し小さくて、暑い国です。

2）A：弟さんはいらっしゃいますか。

B：ええ、一人います。弟は私より３歳年下で、今、高校生です。

3）A：新しい部屋はどうですか。

B：新しい部屋は前の部屋より少し古いですが、広くて明るいです。

文型

8　この部屋はみっつの部屋の中で いちばん新しいです。

1）チン：私は、今、東京に住んでいます。東京は日本の都市の中で
いちばん人口が多くてにぎやかな所です。

2）客：そのカメラは軽いですか。

店員：はい。このカメラはこのみっつの中でいちばん軽いです。

3）（教室で）

ラフル：私は夏休みに琵琶湖へ行きました。
琵琶湖は日本でいちばん大きい湖です。

練習 C　例のようにあなたの国について話しましょう。

文型 6・7・8

例）私の国は日本です。日本は東アジアにあります。中国よりずっと狭いですが、韓国や台湾より広いです。首都は東京です。東京は日本の都市の中でいちばん人口が多くてにぎやかな所です。

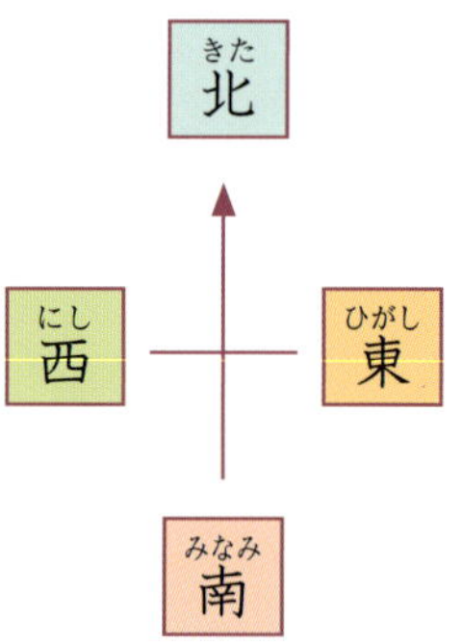

言葉

CD- 50

□ ふどうさんや	不動産屋	부동산
□ なかの	中野	나카노
□ しんなかの	新中野	신나카노
□ あいだ [場所]	間	사이[장소]
□ どちら		어느 쪽
□ (どちらの)ほう		(어느)쪽
□ だいたい		대체로, 대게
□ おなじ	同じ	같음
□ ずっと(にぎやか)		훨씬(번화함)
□ きたぐち	北口	북쪽 출구
□ しょうてんがい	商店街	상점가
□ やちん	家賃	집세
□ きゅうしゅう	九州	규슈
□ じんこう	人口	인구
□ おおい	多い	많다
□ りょこうがいしゃ	旅行会社	여행회사
□ しゃいん	社員	사원
□ ぶんかホテル	文化ホテル	분카호텔
□ とうとホテル	東都ホテル	도토호텔
□ いかが		어떻게
□ たろう	太郎	다로(인명)
□ ぼく	僕	(남자의 자칭)나
□ けん	健	겐(인명)
□ せ	背	키
□ (背が)たかい	高い	(키가)크다
□ イタリア		이탈리아
□ やきゅう	野球	야구
□ にんき	人気	인기
□ (人気が)ある		(인기가)있다
□ としうえ	年上	연상
□ (に)さい	(2)歳	(2)살
□ ふじスーパー		후지 슈퍼마켓
□ ぶんかスーパー	文化スーパー	분카 슈퍼마켓
□ ぶんかデンキ	文化デンキ	분카 전기
□ とうとデンキ	東都デンキ	도토 전기
□ みたか	三鷹	미타카

□ みなみぐち	南口	남쪽 출구
□ (バスが)ある		(버스가)있다
□ それに		게다가
□ バスてい	バス停	버스정류장
□ (遠)すぎる		너무 멀다
□ (ろく)じょう	(6)畳	(6)장
□ ようしつ	洋室	양실, 서양식 방
□ ダイニングキッチン		다이닝 키친
□ なごや	名古屋	나고야
□ クラス		클래스, 학급
□ いちねん	一年	1년
□ すいえい	水泳	수영
□ いちご		딸기
□ だいどころ	台所	부엌
□ みっつ		3개
□ みせる	見せる	보여주다
□ じかん(がある)	時間	시간(이 있다)
□ (時間が)ある		(시간이)있다
□ パラオ		파라오
□ マレーシア		말레이시아
□ みなみ	南	남쪽
□ としした	年下	연하
□ とし	都市	도시
□ カメラ		카메라
□ かるい	軽い	가볍다
□ びわこ	琵琶湖	비와코
□ みずうみ	湖	호수
□ ひがしアジア	東アジア	동아시아
□ かんこく	韓国	한국
□ たいわん	台湾	대만
□ しゅと	首都	수도
□ きた	北	북쪽
□ にし	西	서쪽
□ ひがし	東	동쪽

【いろいろな表現(ひょうげん)】

□ (東都(とうと)ホテルは)いかがですか。 (도토호텔은)어떻습니까?

□ そうですね…。 글쎄요….

□ お元気(げんき)ですか。 잘 지내시죠?

第16課

病院

本文

1　階段から落ちてひざを打ったんです。

CD- 51~

（中村外科病院で）

アルン：すみません、初めてなんですが…。

看護師：保険証はありますか。

アルン：はい。

看護師：では、そちらの待合室で

お待ちください。

＊

看護師：アルンさん、どうぞ。

アルン：はい。

＊

医師：どうしたんですか。

アルン：階段から落ちて、ひざを打ったんです。

医師：いつですか。

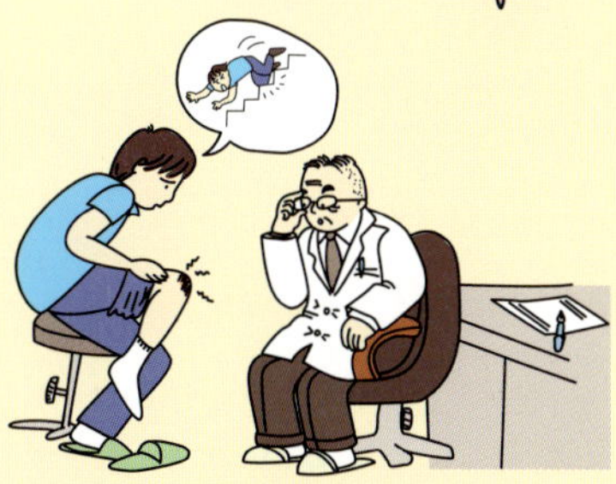

アルン：おとといです。

医師：どうしてすぐ来なかったんですか。

アルン：だいじょうぶだと思ったんです。

でも、だんだん痛くなって、冷やしたんですが、まだ痛いんです。

医師：ちょっと見せてください。

アルン：ここなんです。

医師：少しはれていますね。レントゲンを撮りましょう。

アルン：はい。

文型 1　ひざを打ったんです。

基本体　＋　んです

な形容詞（現在）　　大変なんです

名詞（現在）　　誕生日なんです

1）Ａ：どうしたんですか。

　　Ｂ：頭が痛いんです。薬を飲んだんですが、

　　　　効かないんです。

2）Ａ：どうしたんですか。

　　Ｂ：今日は友達の結婚式なんです。

3）Ａ：何を買ったんですか。

　　Ｂ：ケーキを買ったんです。

　　　　今日は母の誕生日なんです。

4）Ａ：昨日、どうして休んだんですか。

　　Ｂ：おなかが痛かったんです。

5）山田：国へ帰るんですか。

　　パク：ええ。祖父が病気なんです。

※　先生：夏休みに国へ帰りますか。

　　学生：はい、帰ります。

　　先生：じゃ、その時、進路についてご両親と相談してください。

練習a　絵を見て例のように言いましょう。

文型 1

例）Ａ：あれっ、国へ帰るんですか。

　　Ｂ：ええ、そうなんです。

　　　　来週、姉の結婚式があるんです。

国へ帰る／来週、姉の結婚式がある

1．コートを買った／先週、バーゲンで買った

2．髪を切った／週末に切った

3．そうじをした／今日、友達が来る

練習(れんしゅう) b　絵(え)を見(み)て例(れい)のように言(い)いましょう。

（内科(ないか)で）

例(れい)）医師(いし)：どうしたんですか。

患者(かんじゃ)：熱(ねつ)があるんです。

医師(いし)：いつからですか。

患者(かんじゃ)：昨日(きのう)からです。

それに、せきも出(で)るんです。

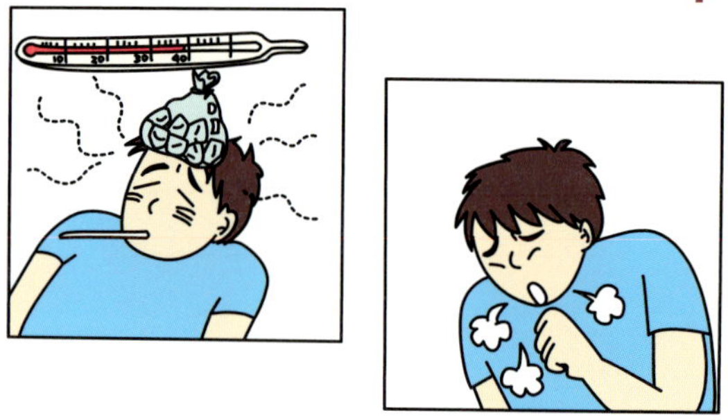

熱(ねつ)がある　　せきが出(で)る

1．頭(あたま)が痛(いた)い　　のどが痛(いた)い

2．寒気(さむけ)がする　　鼻水(はなみず)が出(で)る

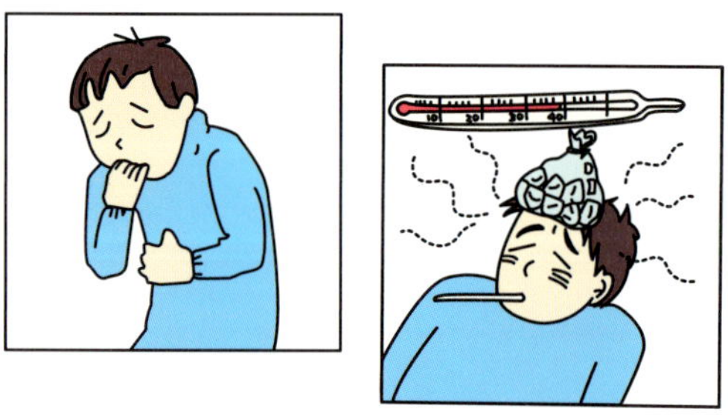

3．気持(きも)ちが悪(わる)い　　熱(ねつ)がある

文型(ぶんけい) 2

A：まだ痛(いた)いですか。

B：｛はい、まだ痛(いた)いです。
　　いいえ、もう痛(いた)くありません。

1）先生(せんせい)：ラフルさんはまだ教室(きょうしつ)で勉強(べんきょう)していますか。

ワン：はい、まだ勉強(べんきょう)しています。

2）Ａ：まだ雨が降っていますか。

　　Ｂ：いいえ、もう降っていません。

3）Ａ：すみません、寒いので窓を閉めてもいいですか。

　　Ｂ：ええ、どうぞ。

＊

　　Ｂ：まだ寒いですか。ヒーターをつけましょうか。

　　Ａ：いいえ、だいじょうぶです。もう寒くありません。

練習C　絵を見て例のように言いましょう。

文型 1・2

（外科で）

例）医師：どうしたんですか。

　　患者：階段から落ちたんです。

　　医師：いつですか。

　　患者：昨日です。

　　　　　冷やしたんですが、まだ痛いんです。

階段から落ちる／昨日／冷やす

1．やけどをする／今朝／冷やす

2．指を切る／ゆうべ／薬をつける

3．転んでひざを打つ／おととい／冷やす

本文

2　激しい運動をしないでください。

CD- 54~

（レントゲン写真を見て）

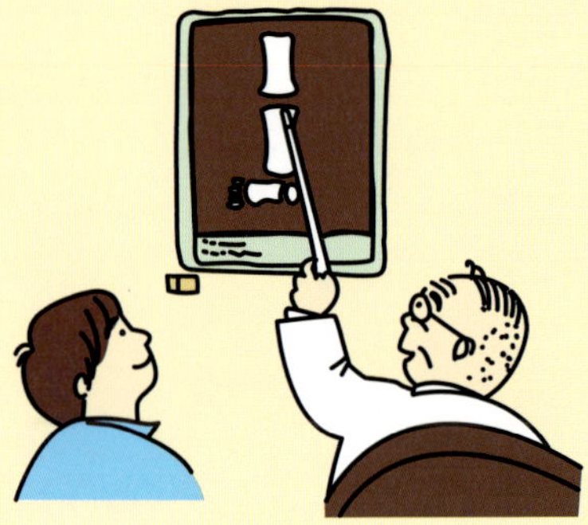

医師：ううん、骨に異状はありません。
　　　しっぷ薬を出しますから、
　　　毎日はりかえてください。

アルン：はい。とても痛いんですが…。

医師：じゃあ、痛みどめの薬も出しますね。

アルン：あのう、すぐ治りますか。

医師：4、5日でよくなると思いますが、もう少しかかるかもしれません。

アルン：そうですか。

医師：治るまで激しい運動をしないでください。

アルン：先生、シャワーを浴びてもいいですか。

医師：ええ、シャワーはいいですよ。

アルン：そうですか。

医師：では、おだいじに。

アルン：どうもありがとうございました。

文型

3　もう少しかかるかもしれません。

基本体　＋　かもしれません

な形容詞（現在）　　大変かもしれません

名詞（現在）　　　　雨かもしれません

1）雨が降るかもしれないから、傘を持って行きます。

2）A：今度の日曜日に映画を見に行くんです。

B：そうですか。でも、日曜日は人が多いかもしれませんよ。

3）A：旅行に行くんですか。

B：ええ、一週間ハワイへ行くんです。

A：これは何ですか。

B：薬です。病気になるかもしれないから、持って行くんです。

A：ラーメンも持って行くんですか。

B：ええ、ハワイには日本の食べ物がないかもしれないから…。

4）キム：チンさん、今日も休みですね。

リー：ええ。病気かもしれませんね。心配ですね。

5）（友達の家で）

A：どうぞ。

B：わあ、カレーですね。

A：ええ。初めて作ったので、おいしくないかもしれません。

＊

B：おいしい。

A：本当ですか。よかった。

文型

4　激しい運動をしないでください。

1）医師：２、３日、消化が悪い物や冷たい物を食べないでください。
　　患者：はい。

2）バスガイド：危険ですから、立たないでください。
　　　　　　　　窓から手や顔を出さないでください。

3）ここにごみを捨てないでください。

4）芝生に入らないでください。

文型

5　治るまで激しい運動をしないでください。

1）看護師：名前を呼ぶまでここでお待ちください。
　　患者：はい。

2）（電話で）

　　ワン：チンさん、今、どこですか。

　　チン：新宿です。すみません。１１時半ごろそちらに着きます。

　　ワン：じゃあ、チンさんが来るまで喫茶店にいますね。

※　学生：すみません、ＣＤプレーヤーを借りてもいいですか。
　　先生：いいですよ。でも授業が始まるまでに返してください。

本文

3　寝る前に、はりかえてください。

CD- 56~

（病院の受付で）

看護師：アルンさん。今日は３，２５０円です。

アルン：はい。

看護師：これは処方箋です。病院の前に薬局があります。
　　　　そこでこの紙を出して、薬をもらってください。

アルン：はい。

看護師：それから、これは診察券です。この次から持って来てください。

アルン：保険証は要らないんですか。

看護師：今月は診察券だけでけっこうです。
　　　　ほかに、わからないことはありませんか。

アルン：だいじょうぶです。どうもありがとうございました。

看護師：おだいじに。

（薬局で）

アルン：これ、お願いします。

薬剤師：はい。

＊

薬剤師：アルンさん。

アルン：はい。

薬剤師：これはしっぷ薬です。毎日寝る前に、はりかえてください。
　　　　それから、これは痛みどめです。食後に飲んでください。

アルン：えっ、「しょくご」ですか。

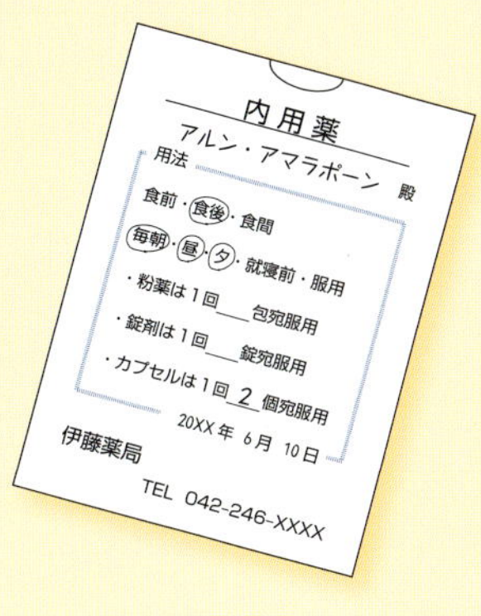

薬剤師：ええ。ごはんを食べた後で、飲んでください。

アルン：ごはんを食べた後ですね。

薬剤師：ええ。今日は７５５円です。

アルン：はい。

薬剤師：おだいじに。

文型 6

わからないことはありませんか。

基本体　＋　こと

な形容詞（現在）　　大変なこと

1）私の趣味は映画を見ることです。

2）鈴木：授業はわかりますか。

チン：先生が話すことはだいたいわかります。

3）リー：夏休みに国へ帰りますか。

キム：ええ。

リー：国へ帰っていちばんしたいことは何ですか。

キム：そうですね。母の料理を食べることですね。

4）A：この前の旅行で、いちばん楽しかったことは何ですか。

B：温泉に入ったことです。

※　医師：2、3日、消化が悪い物を食べないでください。

文型 7

寝る前に、はりかえてください。

ごはんを食べた後(で)、飲んでください。

1）私はいつもごはんを食べた後、歯をみがきます。

2）（プールで）

プールに入る前に、シャワーを浴びてください。

3）　患者：この薬はごはんを食べた後で、飲むんですか。

薬剤師：いいえ。ごはんを食べる前に、飲んでください。

体の言葉

ことば

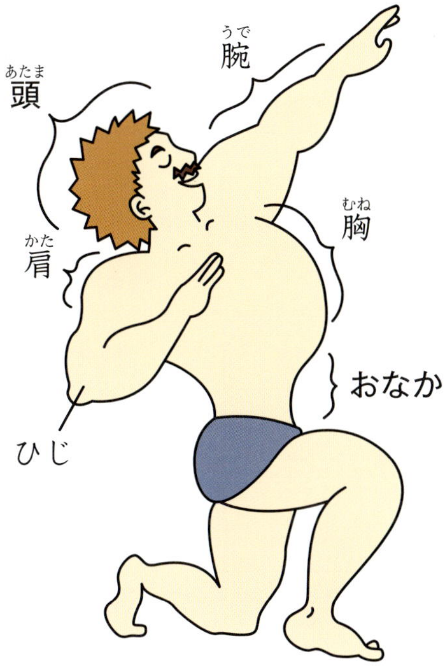

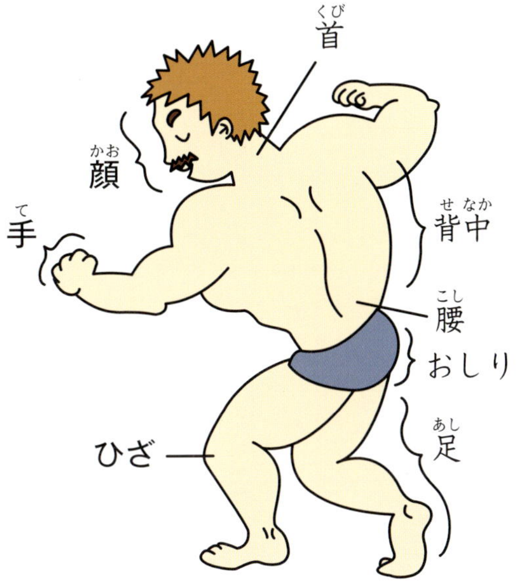

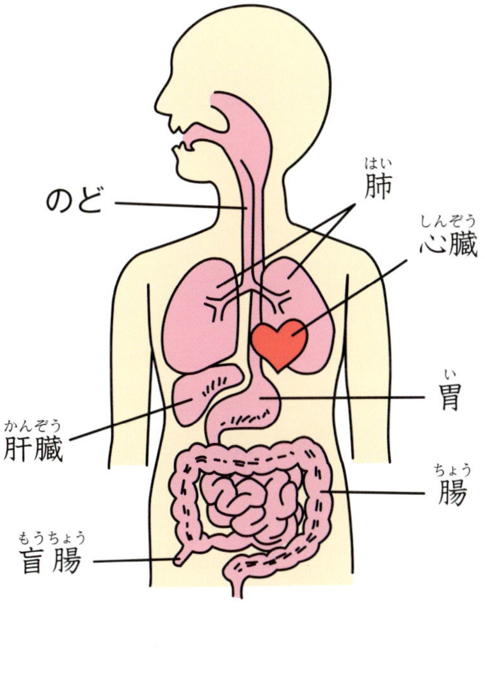

病気の症状

1. かぜをひく【内科】

頭が痛い

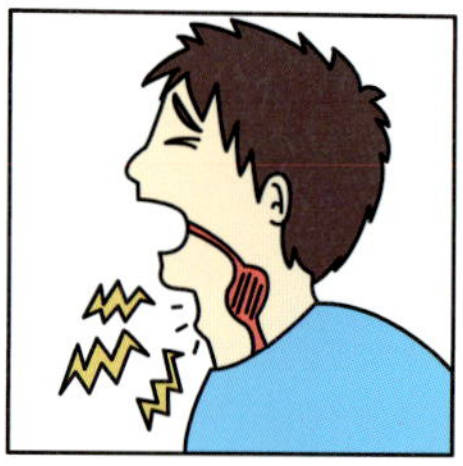

のどが痛い

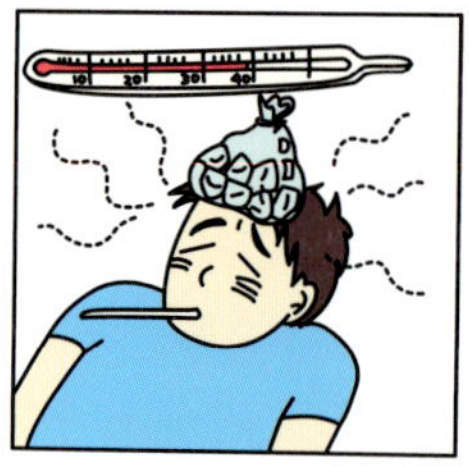

熱がある

寒気がする

鼻がつまる

鼻水が出る

くしゃみが出る

せきが出る

2. おなかの具合が悪い【内科】

気持ちが悪い

もどす／吐く

食欲がない

下痢をする　　お通じ／便通がある　　便秘

3. そのほか

歯が痛い【歯科】

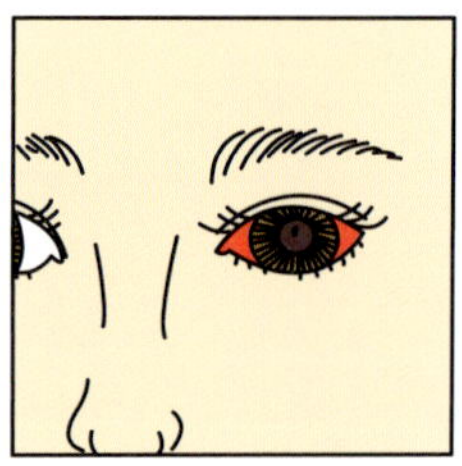

目が赤い【眼科】

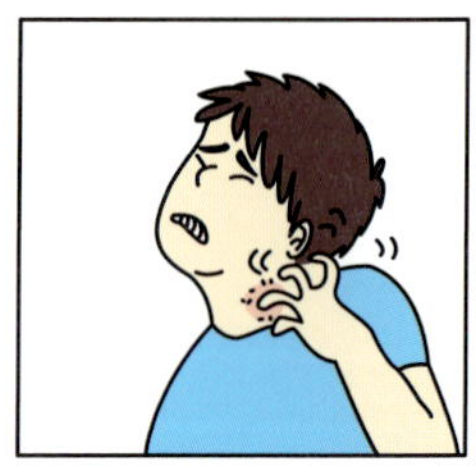

～がかゆい【皮膚科】

薬(くすり)の種類(しゅるい)・病院(びょういん)で使(つか)う言葉(ことば)

ことば

1. 薬(くすり)の種類(しゅるい)

かぜ薬(ぐすり)（を飲(の)む）

胃腸薬(いちょうやく)（を飲(の)む）

痛(いた)みどめ（を飲(の)む）

解熱剤(げねつざい)（を飲(の)む）

錠剤(じょうざい)

粉薬(こなぐすり)

カプセル

しっぷ薬(やく)（をはる）

ぬり薬(ぐすり)（をぬる）

うがい薬(ぐすり)
（でうがいをする）

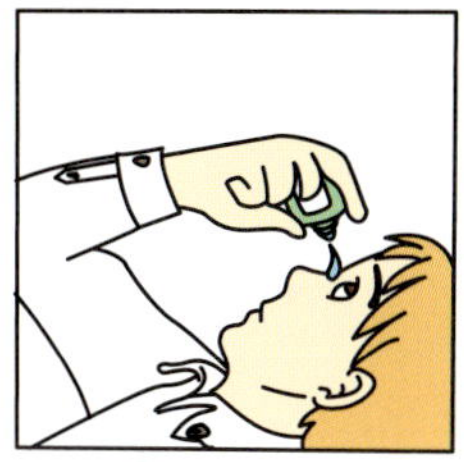

目薬(めぐすり)（をさす）

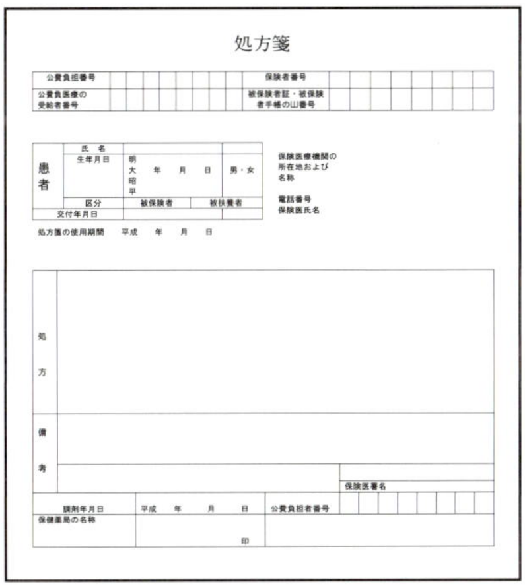

処方箋

公費負担番号		保険者番号	
公費負医療の受給者番号		被保険者証・被保険者手帳の山番号	

患者	氏名		
	生年月日	明 大 昭 平　年　月　日	男・女
	区分	被保険者	被扶養者
交付年月日			

保険医療機関の所在地および名称

電話番号

保険医氏名

処方箋の使用期間　平成　年　月　日

処方

備考

保険医署名

調剤年月日	平成　年　月　日	公費負担者番号	
保健薬局の名称	印		

処方箋(しょほうせん)

2. 病院(びょういん)で使(つか)う言葉(ことば)

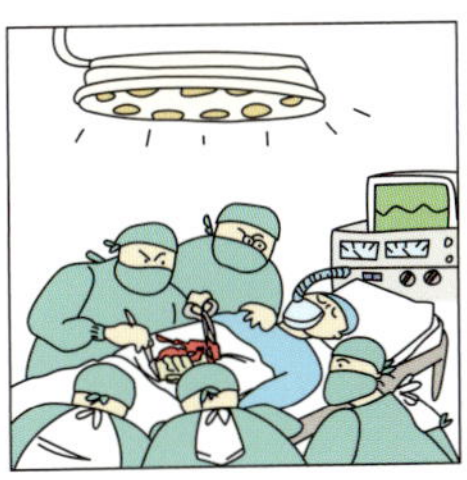

手術(しゅじゅつ)（を）する

注射(ちゅうしゃ)（を）する

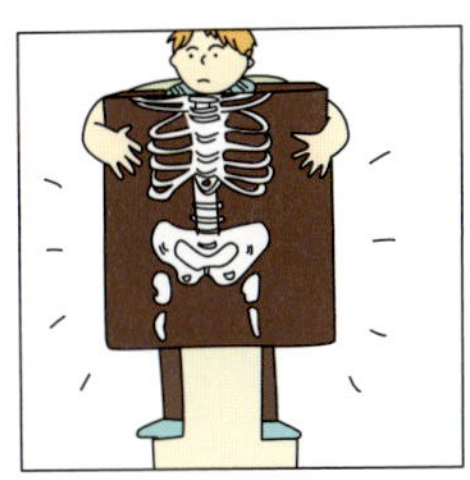

レントゲンを撮(と)る

言葉(ことば)

CD- 58

□ なかむら	中村	나카무라
げかびょういん	外科病院	외과병원
□ はじめて(です。)	初めて	처음(입니다.)
□ かんごし	看護師	간호사
□ ほけんしょう	保険証	보험증
□ そちら［そこ］		그쪽[거기]
□ まちあいしつ	待合室	대합실
□ まつ	待つ	기다리다
□ いし	医師	의사
□ かいだん	階段	계단
□ おちる	落ちる	떨어지다
□ ひざ		무릎
□ (ひざを)うつ	打つ	(무릎을)찧다
□ だんだん		점점
□ ひやす	冷やす	식히다
□ はれる		붓다
□ レントゲン		뢴트겐
□ (レントゲンを)とる	撮る	(뢴트겐을)찍다
□ くすり	薬	약
□ (薬を)のむ	飲む	(약을)먹다
□ (薬が)きく	効く	(약이)잘 듣다, 효과가 있다
□ やすむ	休む	쉬다
□ おなか		배
□ しんろ	進路	진로
□ コート		코트
□ バーゲン		바겐세일
□ かみ	髪	머리카락
□ ないか	内科	내과
□ かんじゃ	患者	환자
□ ねつ	熱	열
□ (熱が)ある		(열이)있다
□ せき		기침
□ (せきが)でる	出る	(기침이)나다
□ さむけ	寒気	한기
□ (寒気が)する		(한기가)들다
□ はなみず	鼻水	콧물
□ (鼻水が)でる	出る	(콧물이)나다
□ (気持ちが)わるい	悪い	(속이)좋지 않다
□ ふる	降る	(비, 눈 등이)내리다, 오다
□ ヒーター		히터
□ げか	外科	외과
□ やけど		화상
□ やけど(を)する		화상(을)입다
□ ゆび	指	손가락
□ (薬を)つける		(약을)바르다
□ ころぶ	転ぶ	넘어지다
□ レントゲンしゃしん	レントゲン写真	뢴트겐 사진
□ ほね	骨	뼈
□ いじょう	異状	이상
□ (異状が)ある		(이상이)있다
□ しっぷやく	しっぷ薬	파스
□ (薬を)だす	出す	(약을)처방하다
□ はりかえる		새로 바르다, 갈아 대다
□ いたみどめ	痛みどめ	진통제
□ なおる	治る	낫다
□ はげしい	激しい	세차다, 격심하다
□ うんどう	運動	운동
□ うんどう(を)する	運動(を)する	운동(을)하다
□ あびる	浴びる	뒤집어 쓰다
□ こんど	今度	이번
□ (病気に)なる		(병에)걸리다
□ (食べ物が)ない		(음식이)없다
□ しんぱい	心配	걱정함
□ はじめて(作る)	初めて	처음(만들다)
□ ほんとう	本当	정말, 진짜
□ しょうか	消化	소화
□ (消化が)わるい	悪い	(소화가)잘 되지 않는다
□ もの	物	것(음식)
□ つめたい	冷たい	차갑다

□ バスガイド		버스가이드
□ きけん	危険	위험
□ たつ	立つ	서다
□ て	手	손
□ かお	顔	얼굴
□ (手(て)や顔(かお)を)だす	出す	(손이나 얼굴을)내밀다
□ ごみ		쓰레기
□ すてる	捨てる	버리다
□ しばふ	芝生	잔디
□ はじまる	始まる	시작되다
□ うけつけ	受付	접수
□ しょほうせん	処方箋	처방전
□ やっきょく	薬局	약국
□ そこ		거기
□ かみ	紙	종이
□ もらう		받다
□ しんさつけん	診察券	진찰권
□ このつぎ	この次	이 다음
□ もってくる	持って来る	가지고 오다
□ いる	要る	필요하다
□ けっこう		괜찮음
□ やくざいし	薬剤師	약제사
□ しょくご	食後	식후
□ しゅみ	趣味	취미
□ このまえ	この前	일전, 이전
□ は	歯	이빨, 이
□ みがく		닦다, 윤을 내다

【いろいろな表現(ひょうげん)】

- □ 初(はじ)めてなんですが…。 처음인데요….
- □ お待(ま)ちください。 기다려주세요.
- □ どうしたんですか。 무슨 일입니까?
- □ ううん、(骨(ほね)に異常(いじょう)はありません。) 아니, (뼈에 이상은 없습니다.)
- □ おだいじに。 몸조심 하세요.
- □ よかった。 다행이다.

- □ (診察券(しんさつけん)だけで)けっこうです。 (진찰권만으로)괜찮습니다.
- □ ほかに、(わからないことはありませんか。) 그 외에, (모르는 것이 있습니까?)

第17課

アルバイト

本文

1　アルバイト募集

販売スタッフ募集

＊笑顔がすてきな方歓迎
＊好きな時間が選べます。

①10：00　～　13：00
②13：00　～　16：00
③16：00　～　19：00

＊時給　850円

洋菓子シフォン
中央区銀座４－１
電話０３－３３２２－××××

中国語会話教室
アシスタント

＊週３日以上できる方
＊時給　1,８００円

中国人で日本語が話せる方は、お電話ください。

ニイハオ学院
文京区本郷６－７
☎０３－３８１７－２０××

プール監視員

☆クロールで1,０００メートル以上泳げる方
☆時給　1,０００円

東京カッパプール　中野区中央５－２　☎０３－３３１９－２８××

簡単(かんたん)な事務(じむ)のお仕事(しごと)です！

- パソコン入力(にゅうりょく)ができる方(かた)
- 時間(じかん)　13：00～17：00
- 時給(じきゅう)　900円以上(えんいじょう)

文化(ぶんか)データサービス

新宿区西新宿6－2

電話：03－3304－59××

引(ひ)っ越(こ)し作業(さぎょう)スタッフ募集(ぼしゅう)

- 車(くるま)の運転(うんてん)ができる方(かた)
- 来週(らいしゅう)から始(はじ)められる方(かた)
- 日給(にっきゅう)　8,000～13,000円(えん)

世田谷区用賀3－11

TEL 03－3429－94××

ピアノ演奏者募集(えんそうしゃぼしゅう)

- ・ピアノが弾(ひ)ける方(かた)
- ・土(ど)、日(にち)に来(こ)られる方(かた)
- ・時給(じきゅう)　3,000円(えん)
- ・音大生歓迎(おんだいせいかんげい)

楽(たの)しく働(はたら)けます。

丘(おか)の上(うえ)ホテル

品川区西品川8－15

TEL 03－3888－88××

文型

1　ピアノ が 弾けます。

可能形

		肯定形		否定形
グループ1	働く	働ける	（か　き　く　け　こ）	働けない
	話す	話せる	（さ　し　す　せ　そ）	話せない
	泳ぐ	泳げる	（が　ぎ　ぐ　げ　ご）	泳げない
	選ぶ	選べる	（ば　び　ぶ　べ　ぼ）	選べない
グループ2	覚える	覚えられる		覚えられない
	起きる	起きられる		起きられない
グループ3	する	できる		できない
	来る	来られる		来られない

中国語 を 話します。　→　中国語 が 話せます。

1）　吉田：漢字が読めますか。

　マリー：はい、読めます。

2）A：日本料理が作れますか。

　B：いいえ、作れません。

3）A：車の運転ができますか。／車が運転できますか。

　B：いいえ、できません。

4）A：自転車に乗れますか。

　B：いいえ、乗れません。

5）（図書館で）

　　ワン：この雑誌、借りられますか。

図書館員：はい、借りられますよ。

※　日本語が上手になります。（第１２課文型４）

※　Ａ：コンタクトレンズをするのは初めてなんです。だいじょうぶでしょうか。

　　Ｂ：だいじょうぶですよ。すぐ慣れますから。

練習ａ　絵を見て例のように友達と話しましょう。

文型 1

例）Ａ：ピアノが弾けますか。

　　Ｂ：はい、弾けます。／いいえ、弾けません。

文型 2

中国人で日本語が話せる方は、お電話ください。

たばこを吸う　人　が、少なくなりました。

↑

基本体（現在）

1）ワン：私は朝ごはんについて調べました。
毎日朝ごはんを食べる人は、
４５％でした。

2）夏休みにホームステイをしたい学生は、教務課で申し込んでください。

北海道ホームステイ

・8月15日～8月23日

夏休みにホームステイをしたい学生は、
教務課で申し込んでください。

3）先生：まだ問題集を買っていない人は、来週の月曜日までに買ってください。
学生：はい。

昨日、欠席した 人 は、二人でした。

↑

基本体（過去）

4）ニュースキャスター：ゴールデンウィークに海外へ行った日本人は、
約５０万人でした。

5）先生：今日学校の本を借りた人は、金曜日までに返してください。

本文

2　演奏の仕事をしたことがありますか。

CD- 59~

社員：はい、丘の上ホテルです。

原京子：あのう、アルバイトの広告を見たんですが、
内容をもっと詳しく知りたいんです。

社員：そうですか。
ホテルのロビーでピアノを弾く仕事です。
失礼ですが、学生さんですか。

原：はい。音楽大学でピアノの勉強をしています。

社員：そうですか。今までに演奏の仕事をしたことがありますか。

原：はい、レストランでしたことがあります。

社員：そうですか。

原：仕事は土曜日と日曜日だけですか。

社員：いいえ。平日もありますよ。

原：あのう、平日は学校が忙しくてあまり行けないんですが…。

社員：わかりました。では、来週の土曜日の２時から面接をしますので、
来てください。

原：はい。

社員：私は高橋と申します。失礼ですが、お名前は？

原：原京子と申します。

社員：原京子さんですね。
では、２時にお待ちしています。

原：よろしくお願いします。失礼します。

文型 3

A：演奏の仕事をしたことがありますか。

B：｛はい、あります。
　　いいえ、ありません。

1）A：北海道へ行ったことがありますか。

　B：ええ、１回だけあります。

2）A：ピアノを習ったことがありますか。

　B：ええ。小さい時、少し習いました。

3）ラフル：私はまだ雪を見たことがありません。

練習b　絵を見て例のように友達と話しましょう。　文型 3

例）A：スキーをしたことがありますか。

　B：｛はい、あります。
　　　いいえ、ありません。

スキーをする

1. 京都へ行く

2. アルバイトをする

3. 日本の映画を見る

4. 温泉に入る

5. 馬に乗る

練習c　例のように自由に友達と話しましょう。

例）A：スキーをしたことがありますか。

　　B：はい、１回だけあります。

　　A：いつしましたか。

　　B：去年の冬休みに北海道でしました。

　　A：そうですか。誰といっしょに行きましたか。

　　B：日本人の友達といっしょに行きました。

　　A：スキーはどうでしたか。

　　B：初めはちょっとこわかったですが、だんだんおもしろくなりました。

文型 4　学校が忙しくてあまり行けません。

1）人が多くて乗れません。

2）（レストランで）

　　A：そのスパゲッティ、おいしくないんですか。

　　B：いいえ、おいしいんですが、量が多くて食べられないんです。

3）荷物がたくさんあって持てません。

4）A：テストはどうでしたか。

　　B：難しくてぜんぜんできませんでした。

本文

3　1週間にどのぐらい来られますか。

CD- 62~

（面接で）

社員：1週間にどのぐらい来られますか。

原：ええと、週3日…、水、土、日なら来られます。

社員：わかりました。来週の水曜日から始められますか。

原：はい、だいじょうぶです。

社員：じゃあ、来週からお願いします。

原：よろしくお願いします。

社員：では、これからホテルの中を案内します。

原：はい。

（休憩室で）

社員：ここは社員の休憩室ですが、アルバイトの方も使うことができます。
自由に使ってください。あ、でも、ここでたばこを吸うことはできません。
隣に喫煙室がありますから、そこで吸ってください。

文型(ぶんけい)

5　A：1週間(しゅうかん)に　どのぐらい来(こ)られますか。
B：3日(みっか)ぐらいです。

1）A：1か月(げつ)にどのぐらい本(ほん)を読(よ)みますか。
B：1か月(げつ)に3冊(さつ)ぐらい読(よ)みます。

2）A：よくコンサートに行(い)きますか。
B：はい。1か月(げつ)に2回(かい)ぐらい行(い)きます。

3）A：よく映画(えいが)を見(み)に行(い)くんですか。
B：いいえ。半年(はんとし)に1回(かい)ぐらいです。

※　A：どのぐらい泳(およ)げますか。
B：1,000メートルぐらい泳(およ)げます。／ぜんぜん泳(およ)げないんです。

※　A：どのぐらい日本語(にほんご)を勉強(べんきょう)しましたか。（第(だい)8課文型(かぶんけい)1）
B：2か月(げつ)ぐらいです。

練習(れんしゅう)d　例(れい)のように言(い)いましょう。

文型 5

例(れい)1）映画(えいが)を見(み)に行(い)く／1か月(げつ)に3回(かい)ぐらい
A：よく映画(えいが)を見(み)に行(い)きますか。
B：はい。1か月(げつ)に3回(かい)ぐらい行(い)きます。

1．カラオケに行(い)く／1週間(しゅうかん)に2回(かい)ぐらい
2．本(ほん)を読(よ)む／1か月(げつ)に6冊(さつ)ぐらい
3．家族(かぞく)にメールをする／3日(みっか)に1回(かい)ぐらい

例2）映画を見に行く／半年に１回

　　A：よく映画を見に行きますか。

　　B：いいえ。半年に１回ぐらいです。

4．うちで料理をする／２週間に１回

5．旅行をする／１年に１回

6．ドライブに行く／３か月に１回

☆友達と話しましょう。

文型 6

アルバイトの方も使うことができます。

ここでたばこを吸うことはできません。

1）学生：放課後、パソコン教室を使うことができますか。

　　先生：はい、できますよ。３時から５時まで自由に使ってください。

2）学生会館で動物を飼うことはできません。

3）（新宿駅で）

　　添乗員：これからみなさんに切符を配ります。

　　　　　　この切符で電車にもバスにも

　　　　　　乗ることができます。

4）（旅行会社で）

　　アルン：３月に沖縄へ行くんですが、泳ぐことができますか。

　　社員：３月はちょっと寒いので、泳ぐことはできないと思いますよ。

　　アルン：そうですか。

言葉

CD- 65

□ はんばいスタッフ	販売スタッフ	판매 스태프
□ ぼしゅう	募集	모집
□ えがお	笑顔	웃는 얼굴
□ すてき		뛰어남, 아주 멋짐
□ かた [人]	方	분[사람]
□ かんげい	歓迎	환영
□ えらぶ	選ぶ	고르다
□ じきゅう	時給	시급
□ ようがしシフォン	洋菓子シフォン	양과자 시폰
□ ちゅうごくご	中国語	중국어
□ かいわ	会話	회화
□ (会話)きょうしつ	教室	(회화)교실
□ アシスタント		어시스턴트, 보조
□ しゅう(いち)にち	週(1)日	주(1)일
□ (週3日)いじょう	以上	(주3일)이상
□ ちゅうごくじん	中国人	중국인
□ ニイハオがくいん	ニイハオ学院	니이하오 학원
□ プールかんしいん	プール監視員	풀 감시원
□ クロール		크롤(영법)
□ (いち)メートル	(1)m	(1)미터
□ とうきょうカッパプール	東京カッパプール	도쿄 갓빠 수영장
□ じむ	事務	사무
□ にゅうりょく	入力	입력
□ にゅうりょく(を)する	入力(を)する	입력(을)하다
□ ぶんかデータサービス	文化データサービス	분카 데이터 서비스
□ ひっこしさぎょうスタッフ	引っ越し作業スタッフ	이사 작업 스태프
□ うんてん	運転	운전
□ うんてん(を)する	運転(を)する	운전(을)하다
□ にっきゅう	日給	일급
□ はせがわひっこしサービス	長谷川引っ越しサービス	하세가와 이사 서비스
□ えんそうしゃ	演奏者	연주자
□ ひく	弾く	(악기를)연주하다, 켜다
□ はたらく	働く	일을 하다
□ おんだいせい	音大生	음대생
□ おかのうえホテル	丘の上ホテル	오카노우에호텔
□ おぼえる	覚える	기억하다
□ コンタクトレンズ		콘택트렌즈
□ (コンタクトレンズを)する		(콘택트렌즈를)끼다
□ ギター		기타
□ バイク		바이크
□ (ご)パーセント	(5)%	(5)퍼센트
□ ホームステイ(を)する		홈스테이(를)하다
□ きょうむか	教務課	교무실
□ もうしこむ	申し込む	신청하다
□ もんだいしゅう	問題集	문제집
□ けっせきする	欠席する	결석하다
□ かいがい	海外	해외
□ こうこく	広告	광고
□ ないよう	内容	내용
□ もっと		더욱, 좀 더
□ くわしい	詳しい	상세하다, 자세히 알고 있다
□ しる	知る	알다
□ ロビー		로비
□ しつれい	失礼	실례함
□ おんがくだいがく	音楽大学	음악대학
□ えんそう	演奏	연주
□ へいじつ	平日	평일
□ めんせつ	面接	면접

□ め⌈んせつ(を)する	面接(を)する	면접(을)하다
□ た⌈か⌉はし	高橋	다카하시(인명)
□ も⌉うす [言(い)う]	申す	말하다
□ し⌈つ⌉れいする	失礼する	실례하다
□ (い⌈っ)か⌉い	(1)回	(1)회
□ な⌈ら⌉う	習う	배우다, 익히다
□ ち⌈いさ⌉い(時(とき))	小さい	어릴(때)
□ ゆ⌈き⌉	雪	눈
□ きょ⌉うと	京都	교토
□ う⌈ま⌉	馬	말
□ は⌈じめ	初め	처음
□ こ⌈わ⌉い		무섭다
□ りょ⌉う	量	양
□ に⌉もつ	荷物	짐
□ (テストが)で⌈き⌉る		(시험을)잘 보다
□ (1週間(しゅうかん)に)ど⌈のぐらい		(1주일에)어느 정도
□ あ⌈んな⌉いする	案内する	안내하다
□ きゅ⌈うけ⌉いしつ	休憩室	휴게실
□ き⌈つえ⌉んしつ	喫煙室	흡연실
□ (さ⌉ん)さつ	(3)冊	(3)권
□ メ⌈ール		메일
□ メ⌈ール(を)する		메일(을)하다
□ (い⌈ち⌉)ねん	(1)年	(1)년
□ ド⌈ラ⌉イブ		드라이브
□ パ⌈ソコンきょ⌉うしつ	パソコン教室	컴퓨터 교실
□ ど⌈うぶつ	動物	동물
□ か⌉う	飼う	기르다
□ き⌈っぷ	切符	표, 티켓
□ く⌈ば⌉る	配る	나누어 주다
□ お⌈きなわ	沖縄	오키나와

【いろいろな表現(ひょうげん)】

□ お電話(でんわ)ください。	전화 주세요.
□ 失礼(しつれい)ですが、(お名前(なまえ)は？)	실례지만, (성함이?)
□ (原京子(はらきょうこ))と申(もう)します。	(하라 쿄코)라고 합니다.
□ 失礼(しつれい)します。[電話(でんわ)で]	이만 끊겠습니다.

第18課

ドライブに行きませんか。

本文

1　ドライブに行きませんか。

CD- 66~

アナウンサー：みなさん、こんばんは。明日の関東地方の
お天気です。東京、神奈川は晴れでしょう。
埼玉、群馬、そして栃木は晴れときどきくもりで、
茨城、千葉はくもりのち晴れでしょう。

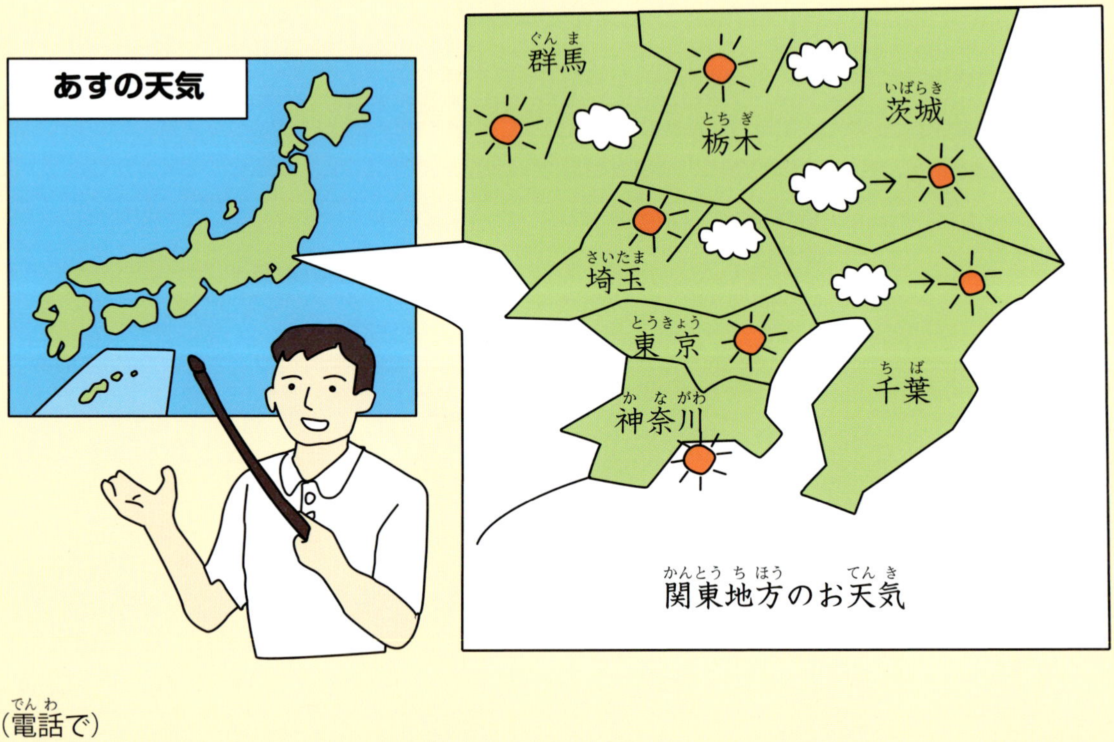

（電話で）

佐藤武：良子さん、明日は暇ですか。

吉田良子：ええ。

武：あのう、新しい車を買ったんですが、ドライブに行きませんか。

良子：わあ、いいですね。どこへ行きましょうか。

武：良子さんの好きな所へ行きましょう。

良子：じゃあ…、そうですね…、海を見に行きませんか。

武：海ですか。じゃあ、江ノ島はどうですか。

良子：いいですね。明日のお天気はどうでしょうか。

武：天気予報によると、明日は晴れだそうですよ。

良子：そうですか。明日も暑いでしょうか。

武：ええ、たぶん暑いだろうと思いますよ。
　あのう、良子さんの弟さんもいっしょにどうですか。

良子：弟ですか…。弟は友達と野球を見に行くと言っていましたから、
　行かないだろうと思います。

武：そうですか。それは残念ですね。

良子：ええ。弟はまたこの次、誘ってください。

武：じゃあ、10時ごろ良子さんのうちへ迎えに行きますね。

良子：ありがとうございます。楽しみにしています。

文型 1

A：ドライブに行きませんか。

B：いいですね。

1）マリー：チンさん、今度の日曜日、映画を見に行きませんか。

チン：映画ですか。いいですね。

2）長井：林さん、あさってドライブに行きませんか。

林：あさってですか。すみません。あさっては用事があるんです。

3）田中：ラフルさんはまんがが好きですか。

ラフル：ええ、好きです。

田中：そうですか。じゃ、このまんがを読みませんか。

とてもおもしろかったですよ。

ラフル：ありがとうございます。

文型 2

新しい車を買ったんですが、ドライブに行きませんか。

1）A：コンサートのチケットが２枚あるんですが、いっしょに行きませんか。

B：いいですね。どんなコンサートですか。

A：クラシックのコンサートです。

2）（郵便局で）

アルン：オーストラリアに荷物を送りたいんですが、ここでいいですか。

郵便局の人：はい。

3）学生：読解の問題集を買いたいんですが、

どんなのがいいですか。

先生：読解ですか…。

じゃ、これはどうですか。

文型

3

A：どこへ行きましょうか。

B：良子さんの好きな所へ行きましょう。

1）A：今晩、いっしょにごはんを食べに行きませんか。

B：いいですね。何を食べましょうか。

A：焼肉はどうですか。

B：いいですね。

2）（レストラン街で）

A：どの店に入りましょうか。

B：この店はどうですか。

A：でも、込んでいますよ。

B：そうですね。じゃ、あのイタリア料理の店はどうですか。

A：いいですね。そうしましょう。

3）（パーティーで）

先生：みなさん、いっしょに写真を撮りましょう。

ここに集まってください。

学生：はあい。

練習a　例のように言いましょう。

文型 1～3

例）今度の土曜日／新宿においしいレストランがある／６時

ワン：ラフルさん、今度の土曜日は暇ですか。

ラフル：ええ。

ワン：新宿においしいレストランがあるんですが、いっしょに行きませんか。

ラフル：いいですね。何時ごろ会いましょうか。

ワン：６時はどうですか。

ラフル：いいですよ。

1．今度の日曜日／横浜で花火大会がある／５時
2．金曜日の夜／カラオケの割り引き券がある／７時
3．明日／文化デパートでバーゲンをしている／４時

文型

4　天気予報によると、明日は晴れだそうです。

基本体　＋　そうです

1）ニュースによると、昨日羽田空港で火事があったそうです。

2）A：明日から駅前のデパートでバーゲンが始まるそうですよ。
　　いっしょに行きませんか。
　B：いいですね。行きましょう。

3）A：駅のそばの新しいレストランへ行きましたか。
　B：いいえ。
　A：雑誌で読んだんですが、魚がとても新鮮でおいしいそうですよ。
　　今度いっしょに行きませんか。
　B：いいですね。

4）キム：リーさん、夏休みに海へ行きませんか。

リー：いいですね。でも、どこがいいでしょうか。

キム：伊豆の下田はどうですか。サラさんの話では、
下田の海はとてもきれいだそうですよ。

リー：そうですか。いいですね。

練習b　絵を見て例のように言いましょう。

文型 4

例）A：テレビで見たんですが、今年の夏は暑くなるそうですよ。

B：へえ、そうなんですか。

今年の夏は暑くなります。

1.

伊豆はとてもいい所です。

2.

来週、アメリカの大統領が日本へ来ます。

3.

歌手の森春子が結婚しました。

4.

昨日、新宿駅の近くで交通事故がありました。

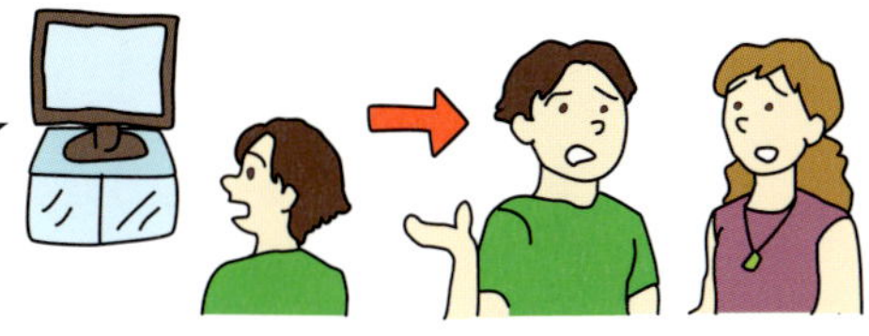

文型

5

A：明日は暑いでしょうか。

B：たぶん暑いだろうと思います。

基本体　＋　でしょう / だろう

な形容詞（現在）　暇でしょう / だろう

名詞（現在）　雨でしょう / だろう

1）　林：山田さん、今日は休みでしょうか。

西村：いいえ、もうすぐ来るだろうと思いますよ。

2）A：新宿に広くて安いアパートはあるでしょうか。

B：たぶんないだろうと思いますよ。

3）A：この映画はおもしろいでしょうか。

B：この俳優が出るから、おもしろいだろうと思いますよ。

4）　ワン：銀行は今日、休みでしょうか。

ラフル：ええ、たぶん休みだろうと思いますよ。

※　学生：このアパートは安全でしょうか。

不動産屋：ええ、安全です。

文型

6

弟は野球を見に行くと言っていました。

基本体　＋　と言っていました

1）（朝　教室で）

先生：あれ？　ラフルさんがいませんね。欠席ですか。

チン：はい。熱があるので、病院へ行くと言っていました。

2）A：北海道はまだ寒いでしょうか。

B：私の友達が先週北海道へ行ったんですが、とても寒かったと言っていましたよ。

3）ワン：美花さんへのプレゼント、何がいいでしょうか。
京子：コーヒーが好きだと言っていましたから、コーヒーカップはどうですか。
ワン：いいですね。

練習c　絵を見て例のように言いましょう。

文型
5・6

例）A：この辺においしい和食の店があるでしょうか。
B：田中さんが駅の南口においしい店があると言っていましたよ。
A：そうですか。ありがとうございます。

1.

2.

3.

チャレンジ！

友達を誘いましょう。

例）

A：Bさん、金曜日は暇ですか。

B：ええ。

A：コンサートのチケットがあるんですが、
いっしょに行きませんか。

B：どんなコンサートですか。

A：クラシックのコンサートです。

B：いいですね。何時からですか。

A：７時からです。

B：じゃ、何時にどこで会いましょうか。

A：６時半に新宿駅の東口はどうですか。

B：ええ、だいじょうぶです。
楽しみにしています。

B：金曜日ですか。

A：ええ。
コンサートのチケットがあるんですが、
いっしょに行きませんか。

B：すみません。その日は都合が悪いんです。

A：そうですか。
じゃ、残念ですが、また今度。

言葉(ことば)

CD- 69

□ あす	明日	내일
□ かんとう	関東	간토
□ (関東(かんとう))ちほう	地方	(간토)지방
□ かながわ	神奈川	가나가와
□ さいたま	埼玉	사이타마
□ ぐんま	群馬	군마
□ とちぎ	栃木	도치기
□ いばらき	茨城	이바라키
□ ちば	千葉	지바
□ のち		뒤, 후
□ てんきよほう	天気予報	일기예보
□ (天気予報(てんきよほう))によると		(일기예보)에 의하면
□ たぶん		아마
□ ざんねん	残念	유감스러움, 아쉬움
□ また		또
□ さそう	誘う	권하다, 꼬시다
□ むかえ	迎え	마중
□ むかえにいく	迎えに行く	마중가다
□ たのしみ	楽しみ	기대
□ たのしみにする	楽しみにする	기대하다
□ ようじ	用事	볼일, 용건
□ (用事(ようじ)が)ある		(용건이)있다
□ チケット		티켓
□ (に)まい	(2)枚	(2)장
□ (荷物(にもつ)を)おくる	送る	(소포를)부치다
□ どっかい	読解	독해
□ やきにく	焼肉	불고기
□ レストランがい	レストラン街	레스토랑가
□ (店(みせ)に)はいる	入る	(가게에)들어가다
□ こむ	込む	혼잡하다, 붐비다
□ イタリアりょうり	イタリア料理	이탈리아 요리
□ あつまる	集まる	모이다
□ あう	会う	만나다
□ はなびたいかい	花火大会	불꽃축제
□ わりびきけん	割り引き券	할인권
□ ぶんかデパート	文化デパート	분카 백화점
□ バーゲン(を)する		바겐세일(을)하다
□ はねだくうこう	羽田空港	하네다공항
□ かじ	火事	화재, 불
□ (火事(かじ)が)ある		(불이)나다
□ いず	伊豆	이즈
□ はなし	話	이야기
□ (サラさんの話(はなし))では		(사라 씨의 이야기)로는
□ だいとうりょう	大統領	대통령
□ かしゅ	歌手	가수
□ もり はるこ	森春子	모리 하루코(인명)
□ ちかく	近く	가까운 곳, 근처
□ こうつうじこ	交通事故	교통사고
□ はいゆう	俳優	배우
□ (俳優(はいゆう)が)でる	出る	(배우가)나오다
□ あんぜん	安全	안전함
□ けっせき	欠席	결석
□ みか	美花	미카(인명)
□ プレゼント		선물
□ コーヒーカップ		커피컵
□ いざかや	居酒屋	이자카야
□ せんぱい	先輩	선배
□ ひがしぐち	東口	동쪽 출구
□ つごう	都合	사정, 형편
□ (都合(つごう)が) わるい	悪い	(사정, 형편이)좋지 않다, 나쁘다

【いろいろな表現(ひょうげん)】

□ (江ノ島(えのしま)は) どうですか。	(에노시마는)어떻습니까?
□ いいですね。	좋네요.
□ それは残念(ざんねん)ですね。	그것은 유감이네요.
□ 楽(たの)しみにしています。	기대하고 있습니다.
□ そうしましょう。	그렇게 합시다.
□ へえ、	아~,
□ あれ？	어라?
□ 残念(ざんねん)ですが、また今度(こんど)。	유감이지만, 다음에.

All new 개정판

Bunka 文化

日本語 2

동사・い형용사・な형용사 일람

課(과)	動詞(동사)		
	グループ1(1그룹)		グループ2(2그룹)
10	歩く 歌う 着く	急ぐ (時間が) かかる 乗る	降りる (東京駅を) 出る 乗り換える
11	遊ぶ いらっしゃる[いる] (宿題を) 出す (専門学校に) 入る	(興味が) ある (横浜に) 住む (デザイナーに) なる	(私を) 入れる 決める 調べる 勤める 辞める
12	(質問が) ある 咲く	切る	(火を) つける (牛丼が) できる (火を) 止める 煮る のせる 始める
13	(結婚式が) ある 驚く (友達に) 聞く	(問題が) ある 思う	(友達が) できる 慣れる
14	(宿題が) ある		閉める (クーラーを) つける
15	(人気が) ある (時間が) ある	(バスが) ある	(遠)すぎる 見せる

		形容詞(형용사)		
	グループ3(3그룹)	い形容詞(い형용사)		な形容詞(な형용사)
	休憩する 出発する 電話(を)する ゆっくりする			
	アルバイト(を)する 経営する 結婚する 就職する 宿題(を)する 相談する 卒業する デザインする 留学する	(見)たい		いろいろ
	集合する 注意する	温かい 薄い 固い (時間が) 長い 柔らかい	甘い 遅い (気温が) 高い 早い	簡単 自由
	インタビュー(を)する 質問する スキー(を)する 発表する	忙しい	寂しい	暇
	散歩(を)する スケッチ(を)する	熱い 痛い (時間が) 短い (歩き)やすい	(気持ちが) いい (食べ)にくい 珍しい	
		多い (背が) 高い	軽い	

課（과）	動詞（동사）		
	グループ1（1그룹）		グループ2（2그룹）
16	（熱が）ある 要る （薬が）効く （薬を）出す 立つ 治る （薬を）飲む 冷やす 待つ もらう	（異状が）ある （ひざを）打つ 転ぶ （手や顔を）出す （レントゲンを）撮る （病気に）なる 始まる 降る みがく 休む	浴びる 落ちる 捨てる （薬を）つける （せきが）出る （鼻水が）出る はりかえる はれる
17	選ぶ 配る 習う 弾く 申す［言う］	飼う 知る 働く 申し込む	覚える （テストが）できる
18	会う （用事が）ある （荷物を）送る 誘う 迎えに行く	集まる （火事が）ある 込む （店に）入る	（俳優が）出る

		形容詞 (형용사)	
	グループ3 (3그룹)	い形容詞 (い형용사)	な形容詞 (な형용사)
	運動(を)する (寒気が) する 持って来る	冷たい 激しい (消化が) 悪い (食べ物が) ない (気持ちが) 悪い	危険 けっこう 心配
	案内する 運転(を)する 欠席する 失礼する (コンタクトレンズを) する 入力(を)する ホームステイ(を)する メール(を)する 面接(を)する	詳しい 小さい (時) こわい	失礼 すてき
	楽しみにする バーゲン(を)する	(都合が) 悪い	安全 残念

조수사표 기간

	～時間(じかん)	～日(にち)（間(かん)）	～週間(しゅうかん)	～か月(げつ)	～年(ねん)
1	いちじかん	いちにち	いっしゅうかん	いっかげつ	いちねん
2	にじかん	ふつか（かん）	にしゅうかん	にかげつ	にねん
3	さんじかん	みっか（かん）	さんしゅうかん	さんかげつ	さんねん
4	よじかん	よっか（かん）	よんしゅうかん	よんかげつ	よねん
5	ごじかん	いつか（かん）	ごしゅうかん	ごかげつ	ごねん
6	ろくじかん	むいか（かん）	ろくしゅうかん	ろっかげつ はんとし	ろくねん
7	しちじかん ななじかん	なのか（かん）	ななしゅうかん	ななかげつ	しちねん ななねん
8	はちじかん	ようか（かん）	はっしゅうかん	はちかげつ	はちねん
9	くじかん	ここのか（かん）	きゅうしゅうかん	きゅうかげつ	きゅうねん
10	じゅうじかん	とおか（かん）	じっしゅうかん じゅっしゅうかん	じっかげつ じゅっかげつ	じゅうねん
?	なんじかん	なんにち（かん）	なんしゅうかん	なんかげつ	なんねん

いっかげつ＝**ひとつき**
にかげつ＝**ふたつき**

조수사표 그 외 조수사①

	a. 月(がつ)	b. 時(じ)	c. 番(ばん)	d. 円(えん)	e. キロ	f. 歳(さい)
1	いちがつ	いちじ	いちばん	いちえん	いちキロ	いっさい
2	にがつ	にじ	にばん	にえん	にキロ	にさい
3	さんがつ	さんじ	さんばん	さんえん	さんキロ	さんさい
4	しがつ	よじ	よんばん	よえん	よんキロ	よんさい
5	ごがつ	ごじ	ごばん	ごえん	ごキロ	ごさい
6	ろくがつ	ろくじ	ろくばん	ろくえん	ろっキロ	ろくさい
7	しちがつ	しちじ	ななばん	ななえん	しちキロ ななキロ	ななさい
8	はちがつ	はちじ	はちばん	はちえん	はちキロ	はっさい
9	くがつ	くじ	きゅうばん	きゅうえん	きゅうキロ	きゅうさい
10	じゅうがつ	じゅうじ	じゅうばん	じゅうえん	じっキロ じゅっキロ	じっさい じゅっさい
?	なんがつ	なんじ	なんばん	なんえん	なんキロ	なんさい
그 외 조수사		時間目(じかんめ)	号(ごう) 畳(じょう) 枚(まい) 度(ど) 名(めい) 便(びん) 錠(じょう) グラム (g) メートル (m) ミリ (mm)		組(くみ) パーセント (%) シーシー (cc) キロ (km)	種類(しゅるい) 冊(さつ) センチ (cm) ページ
주의					６(ろく)パーセント ６(ろく)シーシー	２０歳(はたち)

조수사표 그 외 조수사②

	g. 回(かい)	h. 分(ふん)	i. 本(ほん)	j. 個(こ)	つ	k. 人(にん)
1	いっかい	いっぷん	いっぽん	いっこ	ひとつ	ひとり
2	にかい	にふん	にほん	にこ	ふたつ	ふたり
3	さんかい	さんぷん	さんぼん	さんこ	みっつ	さんにん
4	よんかい	よんぷん	よんほん	よんこ	よっつ	よにん
5	ごかい	ごふん	ごほん	ごこ	いつつ	ごにん
6	ろっかい	ろっぷん	ろっぽん	ろっこ	むっつ	ろくにん
7	ななかい	ななふん	ななほん	ななこ	ななつ	しちにん ななにん
8	はっかい	はっぷん	はっぽん	はっこ	やっつ	はちにん
9	きゅうかい	きゅうふん	きゅうほん	きゅうこ	ここのつ	きゅうにん
10	じっかい じゅっかい	じっぷん じゅっぷん	じっぽん じゅっぽん	じっこ じゅっこ	とお	じゅうにん
?	なんかい	なんぷん	なんぼん	なんこ	いくつ	なんにん
그 외 조수사	階(かい) 校(こう)	泊(はく)				
주의	3階(さんがい)					

문형 일람

L：課

課	番号	文型
L10	1	新宿で電車に乗ります。
	2	林さんは、今、電話をしています。
	3	コーヒーを飲みながら話しています。
L11	1	横浜に住んでいます。
	2	高校を卒業してから会社に勤めていました。
	3	日本へファッションの勉強をしに来ました。
	4	ファッションショーに行きます。
	5	友達とファッションショーに行きます。
	6	デザインの勉強をしたいです。
	7	Ａ：もう学校を決めましたか。 Ｂ：{ はい、もう決めました。 いいえ、まだ決めていません。
L12	1	フライパンで牛丼を作ります。
	2	たまねぎを薄く切ります。　自由に使ってください。
	3	基本体　動詞（現在）
	4	固くなります。
	5	薄切りの牛肉を長く煮ると、固くなります。
L13	1	私は日本語学校で勉強している学生です。
	2	基本体　い形容詞・な形容詞・名詞（現在）
	3	友達ができましたから、楽しいです。
	4	Ａ：どうしてですか。　Ｂ：レポートが多いからです。
	5	暇な時は、何をしますか。

L13	6	A：この学校の施設をどう思いますか。 B：図書館や食堂が新しいから、いいと思います。
L14	1	基本体（過去）
	2	休憩時間が短かったので、私はバスを降りなかった。
	3	魚は食べにくかった。
	4	花のスケッチをしたり、植物園の人にいろいろ質問したりした。
L15	1	A：中野と新中野とどちら（のほう）が近いですか。 B：中野のほうが（新中野より）近いです。
	2	A：中野と新中野とどちらのほうがにぎやかですか。 B：中野のほうがずっとにぎやかです。
	3	A：中野と新中野とどちらのほうが近いですか。 B：どちらも同じぐらいです。
	4	このアパートは駅から遠すぎます。
	5	A：中野と三鷹と池袋の部屋の中で、どれがいちばん静かですか。 B：中野の部屋がいちばん静かです。
	6	この部屋は台所が広いです。
	7	この部屋は三鷹の部屋より駅から近いです。
	8	この部屋はみっつの部屋の中でいちばん新しいです。
L16	1	ひざを打ったんです。
	2	A：まだ痛いですか。 B：はい、まだ痛いです。 　　いいえ、もう痛くありません。
	3	もう少しかかるかもしれません。
	4	激しい運動をしないでください。
	5	治るまで激しい運動をしないでください。
	6	わからないことはありませんか。

L16	7	寝る前に、はりかえてください。 ごはんを食べた後（で）、飲んでください。
L17	1	ピアノが弾けます。
	2	中国人で日本語が話せる方は、お電話ください。
	3	A：演奏の仕事をしたことがありますか。 B：はい、あります。／いいえ、ありません。
	4	学校が忙しくてあまり行けません。
	5	A：1週間にどのぐらい来られますか。　B：3日ぐらいです。
	6	アルバイトの方も使うことができます。 ここでたばこを吸うことはできません。
L18	1	A：ドライブに行きませんか。　B：いいですね。
	2	新しい車を買ったんですが、ドライブに行きませんか。
	3	A：どこへ行きましょうか。　B：良子さんの好きな所へ行きましょう。
	4	天気予報によると、明日は晴れだそうです。
	5	A：明日は暑いでしょうか。　B：たぶん暑いだろうと思います。
	6	弟は野球を見に行くと言っていました。

50음 색인

第12課 練習a 청해 원고 CD- 18~

先生：明日、ディズニーランドへ行きます。10時半に新宿駅に集合します。舞浜駅まで電車で行きます。ディズニーランドで昼ごはんを食べます。ディズニーランドの中でお弁当を食べてはいけません。3時からパレードがあります。7時に帰ります。

All new 개정판

Bunka 文化 日本語 2

초판인쇄	2013년 12월 13일
1 판 7쇄	2023년 8월 17일

저자	文化外国語専門学校　日本語科
책임 편집	조은형, 김성은, 오은정, 무라야마토시오
펴낸이	엄태상
콘텐츠 제작	김선웅, 장형진
마케팅	이승욱, 왕성석, 노원준, 조성민, 이선민
경영기획	조성근, 최성훈, 김다미, 최수진, 오희연
물류	정종진, 윤덕현, 신승진, 구윤주

펴낸곳	시사일본어사(시사북스)
주소	서울시 종로구 자하문로 300 시사빌딩
주문 및 교재 문의	1588-1582
팩스	0502-989-9592
홈페이지	www.sisabooks.com
이메일	book_japanese@sisadream.com
등록일자	1977년 12월 24일
등록번호	제300-2014-92호

ISBN 978 -89-402-9130-6 18730
978-89-402-9128-3 18730 (set)